知的生きかた文庫

生涯現役は
50代の生き方が決める

下重暁子

三笠書房

はじめに

人生の「ほんとうの面白さ」はこれからだ

山登りにたとえれば、50代はどのあたりであろうか。私は頂上にあると思う。一生のうちで、一番いい時期である。空は晴れわたり、まわりの山々が見わたせる。雪をいただく槍ヶ岳のような尖った頂もあれば、月山のような眉型の頂もある。ともかく登り切ったことが嬉しい。

成人した20代から一人歩きをはじめ、80代の平均寿命までの60年間のちょうど真ん中にあるのが50代である。人によってもちがいがあって、頂上はさらに60代になり、70代になり……一つの頂をきわめるとさらに高い頂をめざすも良し、三浦雄一郎さんのように、70歳、75歳で世界最高峰、ヒマラヤのチョモランマに登頂する人だっている。

しかし、一般的にいえば、50代を頂点として、体力は少しずつ下り坂になる。頂に至るまでは、ともかく登らねばならない。立ち止まっているわけにはいかないから、一歩ずつ踏みしめなければ進まない。歩き続けていると、そのうち疲れを忘れ、足が自然に前に出ている。続けることで頂上は目の前だ。

見えてからが遠い。一番辛いのがそのときで、あと少しあと少しと気があせって足がついていかない。多分にメンタルな部分が大きいのだが。

辿り着いた頂上、しばしほっとしてあたりを眺め、満足感に浸る。長くはじっとしていられない。下らなければならないからだ。そうしなければ、自分の居場所に到達できない。

実は下りが一番たいへんなのだとベテランのクライマーはいう。途中で遭難する人も多い。私は下りが大嫌いだ。登るのは楽しいが下るのは足がガクガクして倍疲れる。

いかにスムーズに上手に下ることができるか、それが人生を決めると、私の舞の師匠がいった。50歳を過ぎてやっと、修業してきた舞の奥深さが分かり、味が滲み出してくると……。人生も同じ。それまで登ってきた結果が下りになってはじめて出る。

頂上に至った50代はもっとも人生の美しいとき。蒼空に拳を突き上げ「やった！」と叫び、深呼吸して下りにそなえよう。これから先の人生をゆっくり味わうために。だからといって生きている限り現役であることに変わりはない。余生など私はいらない。

生涯現役であることは私の望みであり、誇りでもある。現在84歳になるらしいが、私にその意識はない。50歳の頃と同じように、自己表現をするための仕事は現役である。そのことが私の健康を保ってくれる。精神的にも肉体的にも。

それは50歳までに自分なりの基礎をつくったからだ。最初は放送局に入りキャスターを経て、希望通り物書きの道を増やしていった。特に50代は一番しんどいことをして最後を登り切った。

あとは結果が出るのを待つばかり。60代で思いがけぬ組織の長として翔《と》び、それが終わったあと、新しい気持ちで物書きにとり組めた。その延長線上でベストセラーを出すことができたし、今またこの先、新しい挑戦を試みる。

私の場合、つくづくおめでたくできていると思うのは、50歳になったときは今が一番と思い、60歳になったときも同じ、70歳になっても今が最高と思っていた。現在もそのことに変わりなく、速度は変わっても、一歩一歩ふみしめているとその年にしか分からない良さが出てくる。

このおめでたさのある限り、生き続けられるにちがいないと確信している。落ち込むこと、辛いこともあるが、自分で決めたことには自分で責任をとりたい。

下重暁子

目次

はじめに　人生の「ほんとうの面白さ」はこれからだ　3

序章
50代、自分らしく生きられる最後のチャンス

1　残りの人生で、叶えたいことは何ですか？
30年もある、30年しかない　18
仕事とプライベート、二つの時間軸から探る　20
心に問いかけたことを行動に移す、今がそのときだ！　22

2　何かを始めるラストチャンス
50代でやるべきは、「しんどくて、ほんとうにやりたいこと」　24
とにかく、はじめてしまいましょう　27

3 あなたの個性を表現するときがきた
持ち時間、お金、体力――すべてが減ってくる 30
他人に連なるヒマはありません 32

1章

50代から「自分」を見つめる
――生きがい、お金、学び、遊び

1 「誰のための人生なの?」から抜け出そう
もう一度、自分の人生がはじまる 36
ヒントはすべて足許にあります 39
2 いくつになっても自分の力で立つために
50代、あなたは働き盛りのまっただなかにいます 42
自分が変わると「環境」が変わる 46

3 **人生計画は1年ごとに見直す**
1年の節目は見送らずに利用する 48
計画は、宣言するとその瞬間から動き出す 51
4 **「私の存在意義はどこにある?」を感じたら**
「生きててよかった」をつかめる人、つかめない人 54
明治生まれの女性たちにもできたこと 56
特別なことを考えないのがコツ 58
社会還元という幸せを忘れたくない 60
5 **誰の目も気にせず学びの場へ行こう**
二度目の学びは一度目よりずっと楽しい 62
大事なことは「熱心さ」だけ 64
6 **「本気で遊ぶ」中で見つかるものがある**
趣味はとことん、真剣に楽しむ 67
続けていれば生きがいに変わる 69

7 人との比較をやめるだけで自分が輝く
「羨ましい」はくよくよのもと 73
「同じ」より「ちがう」に価値がある 75
個として生きる最後のチャンスだ 77
8 望む形で人生をまっとうする絶対条件
50代からは、受け身をやめる 78
人生の「終わり」を意識して生きる 80

2章

50代から「人間関係」を深める
——友だち、夫婦、子ども、親

1 今からできる友だちづくり
友とするならこんな人 84
若い友人と出会える場とは 87

来るものこばまず、去るもの追わず　88
2 「男友だち」こそ50代からの特権
変なわだかまりにさようならしよう　90
まずは趣味の場に行ってみる　92
3 年下の人たちの仲間になる方法
この一言はいってはいけない！　96
話をきくことからはじめよう　98
意識しない、かまえない、迎合しない　100
4 夫を最高の一味にするために
仕事の行方を見守る極意　102
再びデートを楽しむまでの道　104
5 夫と家事を共有する方法
家事の「面白さ」を伝えよう　107
「おだて」は最高の武器　109

家の中では二つの価値観をまぜてしまおう 111

6 **八方美人はもうやめよう**

がまんほど体に悪いものはありません 113
優先順位でおつきあいを減らす 115
あなたが決めた流儀でいいのです 117

7 **誰かに対する期待は捨てよう**

自分以外は思うようになりません 119
新しい関係をつくるのもいい 121

8 **外れる「あて」は最初からしない**

期待は自分にすべきもの 125
人数は少ない方が濃く生きられる 127

9 **大切な人の死が教えてくれること**

親の死は突然やってくる 130
あなたも命のバトンをたくされている 134

10 去られる淋しさへの対処法
「離れる」ことも人生の大事な局面 136
距離は離れても心はそばに置く 139
11 大きな心で生きていくために
「想定外」に動じない考え方 141
「明日は我が身」が気持ちの余裕を生む 144

3章

50代から「美しさ」を磨く
——美意識、健康、暮らし方

1 客観性を持たない50代はカッコ悪い
恥を忘れた年のとり方だけはしないでおこう 148
こんなときにはやせがまんも必要 150
あなたのその行動は美しく映る？ 152

2 **内面に主体性があるかどうかで、見た目も変わる**
50代になったら飾り立てるよりも清潔感 154
自分の「イメージ」をつくるのが、おしゃれの決め手 157

3 **ドキドキすることを忘れない**
「つまらないおばさん」の共通項を手放せ 159
50代だから気づける感動の芽 161

4 **大事なのは「自分の体の声」をきく力**
体は変わっていくのがあたり前 164
「丈夫で長持ち」ができる人の自己管理 166
悲観しない、無理しない、がまんしない、がんばらない 168

5 **死ぬも生きるも自分次第**
あなたの主治医はあなた 170
運動は自分のものさしだけで選ぼう 172

6 ゆううつな時間を勝ち抜く方法
更年期という言葉は忘れる 176
落ち込み、イライラはお金と暇が連れてくる 178
「できなきゃできなくてもいい」ですべて解決 180
7 お金をきれいに使って暮らす
ケチと節約はちがいます 182
「足るを知る」という豊かさ 184
おわりに 188

編集協力　中村富美枝
本文DTP　フォレスト

序章

50代、自分らしく生きられる最後のチャンス

1 残りの人生で、叶えたいことは何ですか？

30年もある、30年しかない

人生100年時代とまで言われるようになった。平均寿命は、確実にのびている。女は、87～88歳。男は81～82歳。女の方が5、6年長い。差は何なのだろう。

女が仕事をするのが当たり前の時代、外の仕事がなくなっても、家の中から仕事はなくならない。男も同様なのだが、なぜか家の中の仕事を女にまかせておいた男は晩年しっぺ返しを食う。生きる上で必要とされること、せねばならぬことがなくなるような悲劇である。最後までする ことを持っていたい。

50代という年齢を考えてみると、ちょうど人生半ばということができる。80年の半分は40だとお思いかもしれないが、20歳で成人と考えると、それまでは親がかりが多く、自分で責任を持った生き方をしていない。成人の20歳から80歳までの半分は、50歳である。

成人して30年、あと30年、倍もあると考えるか、30年しかないと考えるか。私は、50歳を迎える直前には、まだ30年もあると思った。その30年をどう生きるか、たいへんな問題だと思った。

ところが、50代の終わりになって、次の大台を考えたとき、あと20年しかないということに気づいたのである。

50代という10年間はあっという間だった。毎年毎年、1年の経《た》つのが早くなって、頭の上を年が飛んでいく。10代の頃は1年が長かったのに、その短さに唖然とする。

50代で、30年もあると考えるのもいいけれど、あと30年しかないと考える方が理に叶っている。平均寿命まで生きられる保証もないのだから。

あせることはないけれど、今まで以上に、時間を大切に自分らしく使っていかなければならない。

仕事とプライベート、二つの時間軸から探る

何もすることがないなどという情けない過ごし方はしていられない。50歳を過ぎたら、人生の締切りを考えて、計画的に生きることが大切だ。

締切りをいつと考えるか、難しいところだけれど、例えば80歳ということにしておこう。年をとることによる体力、気力の衰えを考えると、60代は50代のようにはいかないし、70代は60代のようにはいかない。

あまり時間の余裕はないことに気付くだろう。

どんな計画をたてればよいか。自分の生活をよく点検してみよう。そして、今までの人生をふり返ってみよう。

ほんとうにしなければならないことをしてきただろうか。さまざまないいわけをして逃げてはこなかっただろうか。

ほんとうにやりたいことをやってきただろうか。忙しさにまぎれて、好きなこと、やりたいことすら忘れてしまってはいないだろうか。

自分の心にきいて考えてみよう。忘れていることは思い出そう。アトランダムにそれを書き連ねてみてもいいだろう。

自分の生活を、しなければならない仕事と、自由でプライベートな時間との二つにわけるといい。

どうしてもしなければならない仕事は何か、自分の生きているあかしが何なのかを考える。プライベートな時間については、ほんとうに好きなもの、やりたかったものを選び出す。

あれもこれもやりたいと出てきたものの中から、ほんとうにすべきもの、やりたいものを選び出す。若いときのように時間は無限にあるのではないから、二つか三つにしぼって、あとの30年でやっていく計画を立てる。

自分の心によく問いかけてみること、自分との対話が必要だ。人をあてにしてはいけない。まわりを見まわし、人のやっていることを見て決めるのはやめよう。

心に問いかけたことを行動に移す、今がそのときだ！

あなたには、人と同じことをする時間はないのだ。人に連なって、あの人がやっているから私も、は許されない。若いときならば、多少の試行錯誤も許されよう。50代になったら、それは通用しない。そんな暇はないのだ。

自分の心に問いかけたことを行動に移すのが50代なのだ。40代で自分の心をよく見つめた人は、すぐとりかかるのがよい。やっていない人は、50代ならまだとり返しがきく。自分一人になって心の声をきき、何をすべきか、何をやりたいかを知ってほしい。

孤独の孤の字は、個性の個につながる。一人になって自分の声をきける人だけが、個性的に生きられる。50代で自分の声がきけるかどうかが、個性的に自分の人生をしめくくれるかどうかのチャンスでもある。

もちろん人それぞれ、60歳からでも、70、80からでも遅いということはない。けれど50代でないとできないことがある。それはもう一度、自分らしい人生をやり直すということ。今までは他を見て、外を見て考えていたのをやめて、自分の内側に目を向けることだ。

今やっておくことを見つけないと、自分の人生は何だったのかと必ず後悔する。自分のするべきこと、やりたいことをやらずに死ぬのはいやだ。死ぬにも死ねない。今がそのときであることを知っていただきたい。

2 何かを始めるラストチャンス

50代でやるべきは、「しんどくて、ほんとうにやりたいこと」

私が50代を目の前にしたとき考えたことは、しんどいことをはじめておくことだった。しんどいとは、大阪弁でたいへんとか負担になるとかいう意味だが、どうも標準語でぴったりした言葉がないので、そのまま使うことにする。

なぜそんなことを考えたかといえば、人生80年として、20歳からの60年間のちょうど半分、すなわち30年来たところで、ほんとうにしなければならないことを、はじめなければと思ったからだ。やらなければならないことは、しんどいからこそ、避けてきたのだ。顔を合わせて、そのことをやりはじめねばならない。そう決めたのである。

自分の決めたことは自分にもどってくる。自分の決めたことをやらないのも自分であり、自業自得、仕方がない。どこにも文句のつけようがない。ところが他人が決めたことだと、私はそんなつもりじゃなかったとか、私は最初から乗り気ではなかったとか、文句をいいたくなる。私は自分の決めたことには忠実で、意地になってやるから、ともかく決めたことはやるだろう。


そのしんどいことの中味だが、自分の人生を二つにわけて考えた。仕事と、プライベートな時間と、それぞれの中でしんどいことをする。たくさんはできないからまず一つを選び出す。

仕事の面では、私にとっての自己表現の手段は、書くことしかない。講演に行ったり、テレビに出たり、喋る仕事もやってはいるが、私が自分の仕事と決めたのは、書くことである。

書くことの中で、エッセイは今までにもずい分書いてきた。ノンフィクションらしきものにも手を染めていたが、本格的に足で調べて書いたものは、あまりなかった。よし、一番しんどい仕事といえば、書くことではノンフィクションだろう。テーマを決め、構想を立て、足で取材し、文献にあたって裏付けをとり……、時間的にもどのくらいかかるか分からず、果たして私にできるかどうかの自信もない。しかし決めたからにはやらざるをえない。

喋る職業などと比べれば、経済的にも肉体的にも、割に合わない仕事だ。けれど割に合う仕事ばかりやっていたのでは、堕落する。お金のためとか、世間に受け入れられるからと、そちらに流れてしまっては、足許をすくわれる。割に合わなかろうと、つらかろうと、自分の仕事は自分を映す鏡だ。

お金がなければ、暮らせないから、注文のある仕事はやらねばならない。けれどその中で一つだけでも、損も得もない自分の仕事を持っていないと、自分を見失ってしまう。

実際、私の場合でもエッセイの方が売れて、5年がかりで書いたノンフィクションの方が売れないのだ。それでも、自分が決めたことなのだから、しんどいノンフィクションを書いていた。それが今につながっている。ものを調べたら足で歩いて取材することで、いもづる式に課題やテーマが見つかって次につながる。新しい発見がある。書くことの楽しさに気づき、それにひかれて書いているうちに積み重ねができた。

とにかく、はじめてしまいましょう

プライベートな面では、これまたしんどいことをはじめることにした。何か体を動かすことと考えたが、運動は子供の頃から苦手、病弱で体育の時間はいつも見学していたから、いまだに自転車に乗れない、泳げない、珍しい存在なのである。

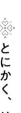

何を考えても得意なものはなく、ふと気がついたのが、踊ることだった。音楽のプロになりたいと考えたほどだから、音に乗って踊るのは好きだ。嫌いなことは長続きしないから、踊ることに決めよう。

ジャズ・ダンスと社交ダンスをやってはみたが、しっくりこない。思いついたのがクラシック・バレエだった。子供の頃、ダンス部でまねごとをしたことがある。

というわけで、近くの小さな教室に通いだした。48歳のときである。私が最高齢で、次は30代の人。1時間のバーレッスンに、あと1時間のフロアレッスンは正直いってきつい。

ただ、根が好きなのだ。「好きこそもののじょうずなれ」というように、好きだということは、どこか合っていることでもある。基礎訓練ができていないという弱味はあるが、私は体が柔らかい。開脚して前にぺたりと上体をつけることなど、何の練習もなくできる。体型も若い頃とほとんど変わらず、身が軽い。音楽が分かることも強みである。

1年経って発表会に出て自信がつき、2年後に松山バレエ団の教室に移った。森下洋子さんのいるところである。それはプロのバレエ団で、私たちは団員の人たちに教えてもらう。

1年して発表会があり、10人ぐらいで踊った。今度は、東京・五反田にあった「ゆうぽうと（簡易保険ホール）」、大きな舞台である。終わってはじめて一緒に踊った人たちの年齢をきいた。10人中50歳以上が7人、私は一番年下であった。みな30代にしか見えない。若々しく、足も高く上がる。

プライベートな時間にも、しんどいことに挑戦する。遊びだといっていいかげんにやるのではない。遊びだからこそ真剣にやる。

やさしいことではなく、たいへんそうなしんどいことを50代にはじめておこう。はじめておけば、意地になっても続けるだろう。休み休みでも続けようとする。はじめるエネルギーよりは続けるエネルギーの方が少なくてすむ。はじめるのは、年を重ねるほどおっくうになる。はじめておけば続けることは、それほどたいへんではない。50前後でともかくはじめておこう。あとがラクになる。決まったらあとは、行動あるのみだ。

3 あなたの個性を表現するときがきた

持ち時間、お金、体力――すべてが減ってくる

年をとることを、いやなことととらえている女性が多い。年をとれば、皺《しわ》も増える。お腹はたるんでくる。若い頃のような美しさは望めない。悲観して年をとりたくないと願う。それでもいやおうなく年は襲いかかってきて、鏡の中の顔は、つやを失ってくる。

年をとることは、それなりの美しさが出てくることだというが、下手をするとやせがまんととられかねない。美しく年をとるというから無理があるのであって、個性的になることだといえば、文句が出ないのではなかろうか。

個性というのは、千差万別、その人らしいということなのだから、年をとったらその人らしく、個性的になればいいのである。

実際に、年をとると個性的にならざるをえないのだ。なぜなら、すべてが減ってくるから。

第一、持ち時間が減ってくる。80歳まで、30年あるとはいえ、いいかえれば、30年しかないのであって、それも日々減ってくる。増えることはない。

第二に、経済的に見て、お金が減ってくる。若いときは、使ってしまっても働けばお金が手に入ると考えることができたが、ある年代以降になると増やすことが難しくなる。男の場合でも、50代がピークで、あとは下降していく。企業なら重役にでもなればちがうだろうが、定年を迎えれば、増えるとは望みにくい。

もう一つ、体力である。一番減退を感じさせられることが多く、ちょっと疲れがたまると、回復に時間がかかる。若い頃は、一晩や二晩寝なくても何とかなったが、もはや無理はできない。

私の場合、一番よく分かるのが、お酒の量である。若い頃は、住んでいた寮の名をとって、「荒田《あらた》のおろち」と呼ばれていたが今は、ほんとうに飲めなくなった。おちょこで二、三杯でやめると、「どうしたの」と不思議そうにきかれる。飲めないわけではないが、あまり飲みたくないのである。

低血圧だったのが、いつの頃からか、母親似の高血圧に変わりつつあるからだと思う。二日酔もするようになったし、楽しく飲めないから、飲まなくなったのだ。

「昔、一生分飲んじゃったのでしょう」という人もいるが、小柄な私の体に容量はあまり残されていないように思える。

時間も、お金も、体力もいやおうなく減っていくのである。減っていくことに気付かされるのが、50代なのだ。

他人に連なるヒマはありません

減っていったらどうなるか。限られた時間、限られたお金、限られた体力の中でできることは限られる。

若い頃のように、試行錯誤をくり返している余裕はない。他人と同じことをしている暇はない。最後に向かって、残された時間と金と体力を自分らしく使おうと考えると、人は個性的にならざるをえない。

年をとることは、個性的になることなのだ。そう思うと楽しくなってくる。個性的な自分になるために磨きをかけるチャンス到来と喜んだ方がいい。

まわりを気にしたり、他人に連なることはやめよう。テニスがはやろうと、友だちにゴルフに誘われようと、自分のほんとうにやりたいことをやる、それが個性的になる近道だ。他人に連なる時間があったら、自分のほんとうにやりたいこと、やりたかったことをやっておく。

私の場合、一つは、クラシック・バレエである。もう一つ、私には死ぬまでにどうしてもやっておきたいことがあった。歌である。私の少女時代の夢は歌手になることであった。

歌手といってもオペラ歌手である。私の中学高校時代は、戦後文化の花開いたときで、オペラでは、藤原義江という大テナーをはじめ、砂原美智子、大谷冽子《きよこ》というプリマドンナがいた。

高校時代、私は東京藝術大学を出た女の先生に歌を習っていて、男の学生とモーツアルトのオペラの二重唱などうたわせてもらった。その道に進みたいと思ったが、40キロ前後の体重なので、オペラのプロは無理かもしれぬと先生にいわれた。オペラは体が楽器なのである。

泣く泣く諦めて、きく方にまわることになったが、少女の夢さめやらず、気がついたら50歳、どうしてもやっておかねば、死ぬにも死ねないと思った。

先生について発声練習をするうちに、出なかった高い声も出るようになり、ある日、小劇場でうたわないかという話が来た。歌を本業としない人ばかりが出演する会である。振袖を着て『ある晴れた日に』をうたったが、ほんとうに嬉しかった。

年をとることは、個性的になることだ。何をためらったり、恥ずかしがったりしているのだろう。やるかやらないかは、その人次第、個性的に年をとれるかどうかも、すべてはその人自身にかかっているのである。

1章

50代から「自分」を見つめる

——生きがい、お金、学び、遊び

1 「誰のための人生なの?」から抜け出そう

もう一度、自分の人生がはじまる

20代から数えてすでに30年、いったい誰のための人生だったのかしらと思うことはないだろうか。仕事、結婚、子育てと走りぬけてきて、気がついてみればすでに50代。これからは自分のために、いや自分が欲するように生きてみたい。人生が二回あるとしたら、50歳からがもう一つの人生である。そう考えると、先が楽しみになってくる。

もう一度自分の人生がはじまると考えよう。

久しぶりに会った友人がいっていた。

「ほんとに子供なんて、こっちの考えるようにはいかないわよ。今の子は、もう高校時代から決まった女の子がいて、自分の好きなようにしかしないんだから」

彼女の20歳になった大学生の息子は、茶髪にピアスだという。いくらやめるよう注意してもきかないし、ガールフレンドがやって来ては、自分たち両親もいるその家に泊まっていくという。注意してもきかない。いったい相手の女性の親は何もいわないのかと不思議がっていた。

私も、二人でこっそりどこかへ出かけたり、クリスマスの夜を二人で過ごしたいという気持ちは分からないでもないが、ボーイフレンドの両親がいる家に平気で泊まってしまうことに恥ずかしさはないのかと不思議だ。そういう躾《しつけ》を受けていないのだろうか。

友人が「泊まることは駄目」といいわたすと、両親が二人ともいない昼間に来るという。母親の方も仕事をしているから家で見張っているというわけにもいかない。

房総にある友人の海辺のリゾートマンションにも、知らぬ間に二人で出かけているという。男同士ならいいけど、女の子とは駄目というと、「じゃあ、男同士で海でナンパした子を連れ込む方がいいのか。それより彼女の方が安心だろ」

という。まったくお手上げだという。

その席にいた広告代理店を営む友人がいった。

「うちの子も同じ、茶髪にピアス。スナックに勤めて大学はやめてしまった。親のいうことをきかないなら、出ていって自分でやれといったら、さっさとアパートを借りて出ていった」

勉強はいやだが料理が好きというから、その修業をすすめたが、スナックがいいといいはる。そこの家でも、同居していた頃は、ガールフレンドを連れてきて深夜まで帰らないから、11時を過ぎると「帰りなさい」といって強制的に帰す。すると息子も、一緒に出ていってしまう。ついに二人で家を出ていったという。

今の時代は、非正規雇用でもアルバイトで食べていけるから、子供たちは一人前の気持ちになってしまう。

親としては、心配は残っても、まかせるしかない。自分は自分の人生を考えるよりしようがないというのが、二人の結論だった。

子供にかまけるのはよして、自分のこれからの新しい人生を考えよう。

ヒントはすべて足許にあります

別の生き方、第二の人生と急にいわれても……という人がいるかもしれない。

一つの例をあげてみよう。あなたが専業主婦だとして、家事の中で一番気に入っていることは何だろう。料理、収納整理、それとも掃除、何でもいいけれど、気に入ったことを徹底的にやってみてはどうだろう。

友人に、お菓子づくりの大好きな奥さんがいる。子供が小さいときからお菓子を自分でつくり、他人に食べさせ、テレビや雑誌を参考に腕を上げ、子供が少し大きくなってからは、習ってもみた。

自分の工夫も加味して誰にもまねできない味をつくり出し、子供が成長したとき、近所のお菓子屋さんがやってきた。

「もったいない。奥さんその腕をうちで生かしてください」

好きなことだから、やりはじめたら欲が出て、お菓子の卸し屋さんの社長になってしまった。

もう一人、知人の奥さんは、中華料理が自慢である。社宅にいたので乞われるままに料理を教えているうちに、人が人を呼んで、大規模になり、自宅で教えていたのが、教室を借りるようになり、今では料理の先生として名が出てきた。

毎日の暮らしの中から、自分のやるべきことを見つけたよい例である。これらの例は家事が仕事として成り立った例だが、趣味やボランティアでもいいと思う。


特別に第二の人生などと考える必要はない。ヒントは足許にある。自分の足許をしっかりと見つめてみると、自然に出てくるはずだ。

24時間は、誰にとっても同じ24時間であるはずだ。使う人によって、倍にもなり、半分にも縮んでしまう。無理はよくないが、楽しみながら時間を使うことを試みてみよう。

主婦は、下手をするとと食事をつくるだけでも一生が終わってしまう職業である。朝が終われば昼が来て、昼が終われば夜が来て、また朝がやってくる。追いかけているだけでもあっという間に時間は経ってしまう。

一日のうちで一ヶ所、楽しめる場所、自分が熱中できるものをつくって、少しずつでもやっておくと、塵《ちり》も積もればで、気がつくとたまりたまって、結果が出てくる。結果ばかり先に見てはいけない。

私の母はよく私にこういった。

「目の憶病、手のげじげじ」

目は憶病で、こんなもの自分でできるかしらとおじけづくけれど、ただ黙って手を動かしていると、手は知らぬ間に一つ一つやり終えて、いつかでき上がる。結果ばかりを見ずに今できることを一つずつ積み上げなさい、ということをいったのである。

2 いくつになっても自分の力で立つために

50代、あなたは働き盛りのまっただなかにいます

男にとって50代とは、それまでの結果が出てくる年である。責任ある地位につくこともその一つだ。社長、重役、局長、部長といった役職にもっとも近い時期である。

働き続けてきた女性の場合にも、同じことがいえる。今までの生き方によっては、重役になったり、副社長になったり……。

私がかつて働いていた放送局でも、50代となって局長待遇の女性や、解説委員になったり、さまざまである。今まで生きてきた成果があらわれたといえるだろう。

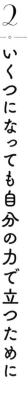

主婦業でやって来た人の中にも、さまざまな分野で芽を出した人がいる。社会的広がりのある例を見てみよう。

ずっと専業主婦であったある知人は、主婦業というものを何かの形で企業化できないかと考えた。主婦業といえば料理である。個人の家で料理をつくるだけでなく、その力を集めて何かできないかと考えた。

彼女のはじめたのが、ケイタリングの店である。何十人かの主婦を集めて、ノウハウを結集した料理を量産し、お客さんに持ち帰ってもらう。味がよく、なかなかの好評だった。

さらにそれを広げて、パーティや冠婚葬祭のお弁当づくりなど、他にはない独自のものを、器から中味まで吟味してつくり出すことに成功した。

最初は知人の中で知られているだけであったが、徐々に口コミで広がり、マスコミのとり上げるに及んで、忙しくて忙しくてというほどの注文に嬉しい悲鳴を上げている。

主婦の手はいくらでもあるから、それを生かして仕事ができるならと、参加する人はとだえることなく、企業として充分成り立っている。下手な男など足許にも及ばない。

もう一人、もともとはアナウンサー出身なのだが、自分のアイデアと顔を生かして、子供を預かる仕事をはじめ、働くお母さんたちの助けとなり、さらにはシルバー、すなわちお年寄りの面倒を見る専門家を育て、各家庭に派遣する仕事をしている人がいる。

最初は頼まれるままにやっていたが、人材を教育していくにつれ、方々から頼りにされて、業績は順調に推移している。


女の場合、大きな組織の中ではなかなか出世しにくいが、アイデアを生かした場で立派に仕事としてやっている人たちは多い。女ならではの目のつけどころが、不況の時期でも、コロナ禍の中でも必要とされて業績を上げているのだ。

50代になって一つの企業としてやっていけるだけのものを築いていくためには、社会とのつながりの中で、自分にできるものは何かをたえず考えていなければいけない。

社会の移り変わりには大きく目を開いて関心を持ち、自分なりの意見を持つことだ。私は、毎日、新聞を読むことをおすすめしたい。テレビやネットニュースの方が早いとおっしゃるかもしれないが、事実は早く伝わるが、奥深い報道はなかなかできない。ワイドショーなどでは面白おかしく扱ってしまう部分もある。

新聞にはあらゆるものがつまっている。政治、経済、社会、文化、日々の動きが分かる。そして毎日読んでいることで流れがつかめる。なぜこんな事件が起きたのか、首相の決断は何を意味するのか、毎日の流れを追っていれば、自然に分かってくる。そして自分なりに考えることもできるようになる。

私たちは、社会の中で生きているのだから、社会を見る目を養っておくと、自分のやれることが見えてくる。

50代は、女にとっても働きざかりなのである。

自分が変わると「環境」が変わる

今まで仕事をしてきた人たちはその集大成を迫られてくる。

個人としての仕事でいえば、声優さん、俳優さんといった仕事も、自分なりのものができ上がっていなければいけない。できたら、壊して次のものをつくっていく、それが創造だ。創造に終わりはない。

同じ書く仕事をしていても私の場合も、中味は微妙に変わって来た。30代、40代はエッセイ中心だったが、50代でノンフィクション、さらにフィクションへと限りなく夢はふくらんできた。

50代では今まで続けてきた仕事のある程度の結果があらわれてくるが、安心してはいけない。次に何をするかとつねに考えておかなければ。

友人の声優さんは、地味にナレーションの仕事などを続けながら、好きな植物に関する詩やエッセイを書きためてきた。

50代になって、ある雑誌に連載が決まり、少しずつ芽が出てきた。元来好きなことだけに、暇さえあれば、詩を書いている。見ていると、私も何か手伝えることをやりたくなる。

運命は自分で開いていくものだ。

50代になったら、もはや環境のせいは許されない。環境のせいでできなかったのではなく、自分がやらなかっただけなのだ。

環境が変わっても、グチをいう人はまた同じことをくり返す。最初は目新しくとも、馴れると、またグチをいい、人を羨む。

環境が変わると自分が変わるのではない。自分が変わると、環境が変わるのだ。今自分の置かれた環境からはじめないと、何ごともはじまらない。自分の生き方を変えると環境は少しずつ開けてくる。

3 人生計画は1年ごとに見直す

1年の節目は見送らずに利用する

1年があっという間に過ぎていく。年を重ねれば重ねるほど、その観を強くする。若い頃はもっともっと時間があったし、なかなか1年が経たなかった。早く経ってくれたらとぜいたくな願いを持ったこともあった。

50代にもなるとどうだろう。年があけて、春が来て桜が咲き、夏が過ぎて、虫の声がきこえはじめると、なだれを打って秋、そして年末である。あ、また1年経ってしまったと思う。それでも懲りずに、来年こそは何かをしようと思う。思うだけでもましで、できなくとも希望は持てる。思わなくなったら、終わりである。

1年の計は元旦にありというけれど、年があけると、昨日と別に変わってはいないのに何かすがすがしい。今年はいいことありそうな気がしてくる。初詣で手を合わせる。願いごとをせずともいい。私はいつも手を合わせながら、私らしく、自然にと思っている。

「私らしくありたいと願う初詣《はつまいり》」

大分前につくった俳句である。

「寒椿みな無口にて詣でけり」

というのもつくった。お参りをしているときは、さすがおしゃべりの人も無口になる。その人なりの思いの中に一瞬入っているのだろう。手を合わせる瞬間は、何かを思うというよりも、無であるのかもしれない。ほんとうに無になれたら、すばらしいと思う。

私は若い頃には、仕事仕事で、暮れも正月もなく、区切りなどなければいいと思ったものだが、昨今は、年中行事というのは実によくできていると思う。その中の、自分に合ったものや気に入ったものはとり入れていこう。

私は年賀状は書かない。書きたくないのではない。書けないのだ。11月、12月は1年中でもっとも忙しくて書いている暇がない。だからといって1年に一度の便りに印刷だけというのはいやだ。必ず自筆で一言書き添えたいと思うと、年があける。年があけてから毎年一句つくっては、葉書に刷り、必ず一言書き添える。それを寒中見舞いとして出す。年があけて出すとちょうどその頃になるのである。

年中行事としては、初詣は必ず行く。町内の神社へ。今は歩いていける近くの氷川神社である。淋しいお神楽があり、境内で焚火をしている。たこ焼屋が2軒ほど、その裏寂れた風情がいい。近所の人たちが三々五々訪れてゆく。

もう一つは芝の増上寺へ、こちらは大きな寺だから、参詣客も多い。晴着姿もまじってはなやかだし、車を止めることもできる。

おとそやお雑煮、おせちはできるだけこだわってつくる。1年に一度、お重や塗りのおとそセットをよく磨いて登場させる。私もつれあいも1日、2日、3日と必ず着物で過ごす。

せめて日本人らしく伝統を守りたい。そして今年は何をしようかと考える。仕事とプライベートそれぞれに実行できようとできなかろうと、計画を立てる。

私の場合は、何といっても仕事が優先する。今年はノンフィクションのリサーチの年、取材の年、いざ書きはじめる年と自然に決まってはくるが、毎年きばっているとばてるから、そのあたりの緩急を自在にする。

計画は、宣言するとその瞬間から動き出す

車の運転を習ったとき、エンジンが動く法則は、吸入・圧縮・爆発・排気だと憶えた。今年はそのどれにあたるか、吸入は自分の中ではじめる年、圧縮はそれをためて力とする年、爆発はいよいよ形にあらわす年、そして排気は、静かに休み、次にそなえる年。

50代の後半に出した『純愛——エセルと陸奥廣吉』(講談社)も5年かかった。

明治時代の外相、陸奥宗光の息子廣吉とイギリス女性エセルとの大恋愛を知り、廣

吉の英文の日記50冊を全部読む。これで3年、そして日本とイギリスの取材で1年、構想に従って書き上げるのに1年。他の仕事をしながらだから、はかどらないが、ともかくでき上がった。

翌年は排気の年、静かに休み、たまっていたエッセイ集の準備をし、そして年があけ、翌々年からは次なる目標に向かう。まわり道したようだが、フィクションも書きはじめたい。

準備したエッセイ集や、童話、私の戦後を描いた中学・高校生向けのものと、立て続けに本が出た。その一方で、フィクションの準備を頭の中ではじめる。できるかできないかは自分次第である。年のはじめには、今年はこれでいこうと考えることにしている。

コロナ禍の時代、何もしないうちに1年経った気もするが、今まで忙しさに追われてふり返れなかった自分をよく見る時間になった。

プライベートにも、毎年、今年はバレエをはじめる、今年は歌を習うと決め、実行してきた。途中、東京・赤坂の友人のビルで骨董のギャラリーをはじめることもした。私の集めた筒描きをみなさんに見ていただき、焼物・塗物など古いものを扱っていた。酒好きなのでどうしても酒器が多くなるが、楽しかった。少々赤字でも趣味なのだから仕方ない。ゴルフをしてもテニスをしても趣味ならお金がかかるのはあたり前だ。

58歳のときは、プライベートには着物を着る年と決めた。自分で気軽に着るくせをつけ、会合やパーティ、ほとんど着物で過ごそうと思った。好きで買ったものや母ゆずりの着物がたんすの中で泣いている。

もう一つ英会話をものにすること。今や英語は国際語である。何とか一人で旅ができる程度の力では困る。国際会議への出席もあり、自分の意見ぐらいきっちりといいたい。

人前で宣言すると、やらざるをえなくなる。言葉にすることも大事だ。

あなたの今年の計画は何だろう。「今年はこれでいこう」と考えて、宣言しよう。やらざるをえなくなるから。

4 「私の存在意義はどこにある？」を感じたら

「生きててよかった」をつかめる人、つかめない人

どんなときあなたは、生きててよかったと思うのだろう。爽やかな5月の風に吹かれて、新緑の中を歩いているとき、幼な児が無邪気にほほえみかけてくれたとき、どうしてもしなければならない仕事をやりとげたとき、さまざまな形であらわれる。自分がこの世にあることの幸せなど日頃はあまり感じないが、それを感じられたとき、人は幸せである。年を重ねるにつれ、より以上に嬉しい。

生きててよかったという思い、言葉を変えれば、自分の存在意義は、現実には減っていく。かつては、長生きすること自体が貴重だったから、まわりが長生きでよ

かったわネと、存在意義を認めてくれた。子供や孫も大事にしてくれる。近所の人たちも大事にしてくれる。

落語に出てくる熊さん、八つぁんは、物を知らない長屋の衆。物を知りたいと思うと、横町のご隠居さんを訪ねる。

横町のご隠居さんは、その近くで一番年をとっていて経験豊富、だからみんながききに行った。

今、いくら経験があっても、物知りでも、誰もききに来てはくれない。地域社会とつながることが難しい時代になった。

老後に向けて、自分で自分の存在意義を見つけねばならない。「あなた、生きてよかったネ」と自分で自分にいってやらないと誰もいってくれない。自分の存在意義は自分で見つけなければならない。シビアな時代になったのである。

自分の存在意義を見つけるにはどうしたらいいか、仕事、趣味、いろいろあろうけれど、少ししんどいことをした方がいい。しんどいことの方が、やり終わった充足感があり、ラクなことはラクな分だけ、心に残らない。ちょっとしんどい、自分にはアにあまるというものに挑戦すること。それが結果的にあなたを生き生きさせる。

誰にいわれたのでもない自分で決めたことは、自分で守る。やらないのは自分の怠慢、すべては自分にもどってくるだけだ。

明治生まれの女性たちにもできたこと

人に必要とされることほど、幸せなことはない。

その気になればいくらでもある。例えばボランティアと呼ばれる仕事。

93歳まで上越の雪深い中で生きた私の母方の祖母は、自分の存在意義は自分で見つけていた。

明治生まれの田舎の人であるから、ボランティアなどという素敵な言葉は知らない。だが、彼女は、夕食後、一人暮らしの無聊《ぶりょう》をなぐさめるために、縄をなっていた。毎晩のことなので、太縄、細縄などさまざまな縄がたまっていく。

縄は、ビニールなどができる前、物を結わえるのに使い、大切にされていた。つくっておくと買いに歩く人が来て、祖母はそれで得たお金を別の貯金通帳に入れた。塵も積もれば山となるのたとえ通り、少しずつたまったものがある額に達すると、祖母はそれを持って町役場へ出かけ、交通事故などで父を亡くした子供の教育基金にと寄附をした。

祖母の家の名は吉田というので、吉田基金として、祖母の死後も、叔父が少しずつ足して、続けていたときく。

祖母はこうして社会とつながっていたのである。雪深い里で、一人暮らしとなれば、社会と隔絶されがちだが、縄をなうことで彼女は社会とつながっていた。

お金を受けとった子供やその家庭からは、お礼の手紙が来る。自分が生きていることで、誰かが喜んでくれる。自分は世の中で必要とされている人間だ。その思いが明日につながる。自分も生きている価値がある。また縄をなって一人でもたくさんの子供に喜んでもらおうと思う。晩年の祖母の生きがいだった。そんなこともあり、国から紺綬褒章を受けたときには素直に喜んでいた。

自分の存在意義をたしかめられる仕事、それがボランティアである。誰かが自分のいることで喜んでくれる。自分は必要とされているという思いが持てるからだ。

私の祖母は、そのことを知っていた。誰に教ったわけでもないけれど……。

特別なことを考えないのがコツ

ボランティアとは何だろう。

「ボランティアとは人のためにしてあげることではない。自分のためにさせていただく仕事だ」

と私の祖母はいった。しかしアメリカから帰ってきた友人はこういう。

「ボランティアとは、他人のためにしてあげる仕事でもなく、自分のためにさせていただく仕事でもない。今、自分のできることをすることです」

夫と一緒にアメリカ滞在中、彼女は子供の学校のお手伝いをしていた。そこで目にしたことがある。授業参観のとき、先生は授業の終わりに子供たちに向かっていった。

「エニィ、ボランティーア？」

黒板には、ぎっしりと先生の書いた字が並んでいる。先生の手には黒板ふきがある。

2、3人の子が手をあげた。元気よくとび出してくると、先生の黒板ふきを受けとって、黒板の字を消しだした。

「誰かボランティアする人は？」と、先生は黒板を消す人をつのった。それに応えてボランティアをしようという生徒が2、3人。これもボランティアなのだ。

特別なことをするというのでなく、今自分にできることを自分からしようとすること、これこそがボランティアなのだと、先生は子供たちに教えたのだ。

私の祖母もいっていた。身をあがなってやること、すなわち、自分の体を使ってやることなのだと。

私たちは目の前にやることがいっぱいあるのに、見すごしてはいないだろうか。やれること、やらねばならぬことに気づかぬふりをしていないだろうか。

社会還元という幸せを忘れたくない

阪神・淡路大震災にはじまり、若者のボランティアに救われた。髪を染めた若者が食糧を懸命に運ぶ。お年寄りをトイレに連れてゆく、ごはんを食べさせる、どんな有名大学に行くよりもいい勉強をしたことだろう。

大学でもボランティアの体験を単位に入れたというが大賛成だ。

けれど一方で、焼け出され、壊れかけた家に住む人々の暮らしを、バイクで見物に来た若者や、助けを求める声にも知らん顔だった人も多かったのだ。

自分にできることすら放棄した人には、自分の存在意義など一生見つからないだろう。

想像力の欠如ほど恐ろしいものはない。もし自分がその身だったら、同じ災害にあったらという想像力を働かすことができない。

自分たちさえよければ、他の人はどうでもかまわないといった精神が少しずつ蔓延してきている。せっかく身につきはじめたボランティア精神も新型コロナウイルスのおかげで、自分一人を食べさせることすら難しくなった。

しかしながら覚えている人は多いはずだ。２０１９年、アフガニスタンで国土を緑にし、人々を豊かにするために人生を捧げた医師・中村哲氏が亡くなった。その志は、多くの人に受けつがれていかねばならない。

5 誰の目も気にせず学びの場へ行こう

二度目の学びは一度目よりずっと楽しい

「ああ、今大学生だったらもっと勉強するのになあ」という人が多い。

若いときは、他に面白いことが多すぎて、勉強に身が入らない。大学に入ったあとは、受験から解放されて、遊びはじめる。いきがってほとんど授業に出なかったり、代返を楽しんだり、試験になるとあわてて人のノートを借りてその場しのぎ、スリルも楽しめた。

もし今から大学に入ったらもっと勉強するだろう。あんなもったいないことはしなかったはずだ。授業料分きっちり先生の話もきいたろうに。

多くの大学に講座を持つジャーナリストの池上彰さんが言っていた。コロナ禍の中、久しぶりに対面授業になったときの学生の熱意がちがったと。

というわけで、年をとってから、もう一度大学に入り直す人が増えている。社会人学生を受け入れることも、今ではあちこちの大学で実施されている。

私の知人は、長い間出版社に勤めて、定年になった。60歳だったと思う。彼女は学習院大学卒なのだが、もう一度ちがう勉強をしたいと思い、立教大学の法学部を受けた。無事入学し、卒業した。自分の子供より若い学生がノートを借りに来たり、共にコンパに出かけたり、再び大学生活を楽しんだという。今度は意気込みがちがうから、身につくことも多いという。60過ぎて勉強したいという気持ちに頭が下がる。卒業したら今度は大学院に行こうかとも考えているそうな。

JRが国鉄といっていた頃の幹部だった知人は、70歳をとうに過ぎている。今は早稲田大学大学院の学生だ。

「ホラ、学生証も定期もあるよ」

と嬉しそうに見せてくれた。試験を通った正規の学生である。最高齢なので、若い学生たちから大切にされているという。

私も、NHKをやめて3年ほどしたときに、大学にもどりたいと思い、大学院に通っていた時期がある。当時は学生運動がさかんな時期であり、拠点ともなっていた早稲田では封鎖があいつぎ、時間を見つけて授業に出かけても、休講だの授業が受けられない状態で、続かずやめてしまった。今でも残念な気がする。

大事なことは「熱心さ」だけ

学ぶことは楽しい。最初はとっつきにくくとも、ある時期を乗り越えると楽しくなってくる。学びたいことがあったら、ためらわずやってみよう。新しい世界が開け、知識もできるし、友だちも広がる。試験を受けるのがいやだという人もいるが、もう一度緊張感に身をさらすのも悪くはない。記憶力は劣っていても、思考力は若者には決して劣らないはずだ。

自分の若いときの夢をもう一度呼びもどすべき課目に挑戦するのもいい。『ベルサイユのばら』の作者、池田理代子さんは、48歳で東京音楽大学に入学を果たした。私同様、子供の頃の夢がオペラだったらしく、ひそかに先生について習っていたが、もう一度学生としてやってみる気になったのだという。

そのあいさつ状を見て、「やられた!」と思った。私もそうしたいが、私にはその余力はない。趣味として楽しむしかない。自分ができないから、ますます拍手を送っている。

まわりで何かいう人は、自分がやらないでやっかみで物をいっているにすぎない。

大学や大学院は敷居が高くとも、カルチャースクールなら誰でも通える。私は青山のNHK文化センターのエッセイ教室で月一回講座を持っている。若い人から80歳を過ぎた人まで、さまざまな人が来ている。職業もさまざまで、現役のサラリーマン、OL、俳優、画家、アナウンサーなど、みな熱心である。

中でも男性の熱心さには見習うものがある。一日も休まないし、来られないときは、前もって通知がある。黙って休んだり、知らぬ間にやめてしまったりするのは、女性に多い。女の方が甘えがあるのだろうか。

男は学ぶことについても、会社に勤めるのと同じ義務感を持っているようだ。見習うべきものがあると思う。

はじめたら続けなくては意味がない。

私は、一回ずつ宿題を出し、400字づめ原稿用紙で3〜4枚のエッセイを書いてきてもらう。自分で書かなければ力はつかない。それを自分で読んで、他の人たちの批判を受ける。合評会スタイルで、最後に私が意見をいう。こちらの考えを押しつけるのではなく、その人の中に潜んでいるものを引き出してあげる手伝いをしている。書くとは結局、自分を掘ることだからである。

終わると時間のある人は、近くのレストランでお茶を飲んだり、食事をしたり、時々は私を囲む会などがあり、私自身もだが、決まりきった自分の友だちとちがって、まったくちがった世界の人々と親しくなれる。先日もエッセイをもとに自分史を出版した男性のお祝いの会を開いた。

6 「本気で遊ぶ」中で見つかるものがある

趣味はとことん、真剣に楽しむ

「仕事は楽しく、遊びは真剣に」

これが私のモットーである。

くわしく説明すると、仕事というものは、しなければならないものだから、つらい。だからこそ、楽しみを見つけて楽しくしてやる。

かつてアナウンサー時代、「今晩の番組から」という番組紹介の仕事がいやでいやでたまらず、ＮＨＫに通うのもいやになっていった。これでは自分が駄目になると思い、仕事を楽しむことができないか考えた。

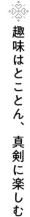

「今晩の番組から」を二度、三度、四度と点検するうちに、番組は決まりきってはいても、あいさつは自分なりに楽しめることに気づいた。最初の10秒間、私の顔が出ている時間を精一杯楽しくしてやろう。

決して二度と同じあいさつはしない。10秒と短いから、俳句をつくるつもりで言葉を選ぶ。やっているうちに少しずつ楽しくなった。型通りにやっているからつまらなくマンネリになる。ラクなのは型通りの方だが、ラクは楽しいにはつながらぬ。ラクは楽しみが分からぬこと、何かのまちがいで「楽」を「ラク」と読ませたのだ。

考えてみると、今日見たこと、きいたこと、感じたことすべてがあいさつになる。毎日ちがうあいさつができる。しんどいけれど、楽しんで10秒のあいさつを考えるところから、私の人生は大きく開けてきた。仕事の楽しみを自分で見つけてやること。

趣味はもともと好きなことであるから楽しい。だが「どうせ趣味なのよ」というエクスキューズが働くと、手ぬき、いいかげん、一つ手を染めてはすぐやめる無責任になりがちだ。趣味は仕事のように真剣にやらねばならない。のめり込んで自分のものにしてしまおう。

仕事は趣味のように楽しんで、趣味は仕事のように真剣になることができたら幸せである。

続けていれば生きがいに変わる

女の場合、趣味がいいかげんになりがちである。お金や暇をかけながら、無駄としかいいようがない。もっともっと貪欲になってほしい。

男は趣味にのめり込む人が多い。とことん気のすむまでやる。

私は時々物書きや編集者の仲間と鳥を見に行くのだが、男性はそのたびに感度のいいカメラにかえたり、新しいレンズにしたり、凝りようといったらない。カメラで遠くの梢の鳥を見せてくれる。私は見せてもらうだけで、いっこうに上達しないのだが、男たちは熱心だから、鳥を見つけるのも早くなり、くわしくなり、上達ぶりはめざましい。

男にはマニアやコレクターは多いのだが、女にはほとんどいないという。女の方が現実的にならざるをえないのか、夢を追う暇がないのか。いずれにしろ趣味とは、夢の部分なのだから大事に育てたい。

男の中には、休みになると幻の蝶を求めてどこかへ行ってしまう人、電車が好きで年中全国各地を歩いている人などがいる。

子供のときの夢をお尻の隅にくっつけていて、夢を大事にする。他の人には分からなくとも、ひたすらちびた鉛筆を集めている人、机のひき出しに美しい小石をいっぱい入れている人など、自分にしか分からぬ宝物を持っている。

故・斎藤茂太さんのことはみなさんもよくご存じだったろう。精神科の医者で、歌人斎藤茂吉の息子さんである。80歳を過ぎても旅に仕事にお忙しい身で、よく奥様もご一緒に旅をさせていただいたものだ。

そんなとき茂太先生は、まっ先に博物館へ行く。飛行機を見るためだ。私は飛行機に興味はないが、ついていくと、飛行機を見ている目は少年の目だ。私はそれを見るのが楽しい。

少年の日の夢を追う男は素敵だ。いいなあと思ってしまう。

斎藤さんのお宅が府中にでき上がって、呼ばれて行ったときのこと。リビングルームの片隅に変わった椅子があり、どうぞとすすめられた。見れば使い古した飛行機のシートだ。どこか航空会社から払い下げてもらったのだろう。

「どうぞシートベルトをおしめ下さい」

と茂太先生がいう。ご本人は機長用の帽子をかぶって私の前に座り、機中にいるかのように話し合った。

奥様がお茶を運んでくる。客室乗務員になっていただいたようで、申しわけない気がする。

楽しいではないか。徹底して趣味を楽しみ、暮らしにとり入れる。そうした遊び心が欲しい。

斎藤さんは真剣だった。こと飛行機に関しては、仕事より真剣かもしれない。趣味だからこそ、好きだからこそ、真剣なのだ。その真剣さを見習いたい。女だって、男に負けてはいられない。好きなことにかけては、誰にも負けず、徹底的にやろうじゃないか。

好きなものが見つからないというのなら、中学、高校時代にもどって、一番感受性の強かった時代のほんとうに好きなものを見つけよう。

見つかったら、絵でも書でも、歌でも踊りでも、俳句でも短歌でも、ともかくはじめよう。はじめたら、いいかげんでやめてはならない。落ち込むときがあっても、続けること。そのうち目の前がひらけてきて、それは、この上ないあなたの生きがいになっているにちがいない。

7 人との比較をやめるだけで自分が輝く

「羨ましい」はくよくよのもと

93歳まで生きた母方の祖母の信条の一つが、くよくよしないであった。「くよくよしない」何と簡単なことであろうか。しかし、実行するとなるとこんなに難しいことはない。

私の祖母だってくよくよすることがたくさんあったろう。だからこそ、くよくよしないと自分にいいきかせて暮らしていたのだろう。

年老いて山里に一人暮らし。ご近所はみな大家族で、子供の声などもきこえてくる。その瞬間、「ああ、いいな、羨ましいな」と思う。人間なら誰だってそうなるだろう。次の瞬間、いや、これは隣のことだと自分にいいきかせる。自分がこうやって一人暮らしをしているのは誰のせいでもない、自分で選んだことなのだと……。

自分にも子供は3人いる。男2人と女1人、男2人は自分が果たせなかった分、好きな道を進ませて、1人は学者、1人は医者になった。女の子は、結婚して東京にいた。私の母である。

東京に住む長男の学者の家には子供がなく、一緒に住んでくれというが、山里の古い家を守り切るのだとここにとどまっているのは、自分の意志である。そのために、学者の長男は、金帰月来、金曜に田舎に帰って月曜に東京に行く。一人暮らしは、自分が選んだことであり、誰にいわれたわけでもない。

今一人でいるというのが自分の人生であり、隣は隣なのだ。自分の生き方と隣の家の生き方はちがうと思うと、断ち切れる。くよくよすることもなく、これが自分の人生だと開き直れる。

なぜ人間はくよくよするのか、他人と比較するからだ。隣はお金があるのにうちはないとか、あの家のお嫁さんは優しいのに、うちの嫁はとか、比較をすることでくよくよせざるをえなくなる。

よそと自分とはちがうと考えると、断ち切れる。日本人は連なることが好きで、同じことをしていると安心する。他人とちがうと不安になる。

「同じ」より「ちがう」に価値がある

ちがうと除外されるのが日本の社会だ。子供たちのいじめの問題にしても、ちがう子がいじめられている。ほんとうは他とのちがいがあるのだから、その子の方が個性的なはずなのだが。

個性とは人とのちがいなのだ。同じものを個性とは呼ばない。ちがうということは個性があるということだ。

どんなちがいも個性なのだ。性格のちがいも、環境のちがいも、身体的なちがいも、それらをすべて認め、包含できる社会がすばらしいと思うが、日本ではそうはいかない。

個性的と呼ばれる人とは、しんどくても他人に連なることをせず、自分で選んできた人で、つみ重ねの結果、個性的になったのだ。

生まれて間もなく人にはちがいがある。個性の芽を持って生まれているのに、生きている間に自分で落としていく。一つ他人と同じことをすると、一つ個性が指の間から落ちていく。自分で自分の個性をなくしているのだ。もったいない。

欧米の人たちは、よくも悪くも個に徹している。子供のときから、あなたは一人なのよ、自分の面倒は自分で見るのよといわれて育つ。結果として、つねに自己主張をし、個として生きていくようになる。

元大リーグのイチロー選手ほど常に自分を見つめ自分を磨いている人はいない。淡々とさりげなく野球道をきわめている。野球を愛し、そのための道具を大切にし、考えることで挑戦をやめない。それがあの古武士を思わせる風貌にあらわれ、華麗な技と大記録につながっている。自分に厳しく、自分と戦い、自分を創る。その意味で彼ほど個を知る人はいない。

個として生きる最後のチャンスだ

他人と比較して行動するのをやめよう。自分で考え、自分で選び、自分で行動する。50代は、個として生きる土台づくりの最後のチャンスかもしれない。50代でできない人は、一生個として生きることはできないかもしれない。

パターンに合わせることをやめよう。他人が買ったから自分も買うのをやめる。自分が欲しいから、必要だからと考えよう。

家の暮らし方にしても、マンションならモデル・ルームとそっくりにダイニングセットや応接セットを置くのはやめよう。自分たちの家族構成、行動半径、そして趣味などを考え、リビングルームの使い方を考えよう。どう使ったっていいのだ、個性的でユニークな暮らし方を見つけてみよう。

大切なのは自分の日常なのだ。

8 望む形で人生をまっとうする絶対条件

50代からは、受け身をやめる

50歳は、平均寿命までまだ30年ある。長い時間がありそうだが、年々体力、気力は衰えるといわれて、若いときのように、能率は上がらない。といって、体力気力もないからと思い込み、自分に暗示をかけることはやめたい。これから何が起きるかまだまだ楽しみだと思っている方がいい。

私の母は、できるだけ長生きをして、世の移り変わりをたくさん見たいといっていた。私は、まだまだしなければならない仕事が山積みで、それを一つずつやらなければと思っている。

人生80年といっても、人それぞれで、いくつまで生きられるかわからず、締切りがわからないから、いつから何をはじめていいのか難しいが、自分なりに計画を立てて一つ一つやっていると、次に何をすべきかが見えてくる。

自分なりに計画を立てることは大切だ。80年で立てても、70年で立ててもいいが、平均寿命の80年は目やすになるだろう。

人生80年として、80歳までの30年間の予定を考えてみる。

3年ごとでも、5年ごとでも、10年ごとでもいいが、私などは10年ごとに変化があるので、50歳からの10年をしんどくてほんとうにやりたいことをやると決めてやってきた。

60代は、50代にノンフィクションなど長いものを書くことで自分なりの積み重ねができた。そして60代の終わりに晴天のへきれきと思えることが待っていた。JKA（日本自転車振興会）の会長にと推薦された。経済産業省の局長の天下り先だったのが、民間で初めて、女性で初めての仕事。迷ったが女の社会進出や福祉や文化のために役立てばと思って決断した。

自分の人生である限り、老後であろうと何であろうと、人まかせではいけない。自分なりにイメージする人生がなければならない。

どういう老い方をしたいかというのも一つだろう。可愛く老いたい、美しく老いたいと理想を持ったら、それに近づく努力をしなければならない。

愛される老人になりたいとか、人に好かれる老人になりたいとか、受身でものを考えるのはやめよう。結果でしかないのであって、目的ではない。自分が人を愛する気持ちを持っていれば、結果として愛されるし、人を好きになって生きれば、好かれる。能動的に考えたい。

女性の場合、若いときから受身体質になりがちだが、50代から先の人生は、受身でなく生きたい。誰も文句はいうまい。

人生の「終わり」を意識して生きる

自分の人生をイメージする、はっきりいえば、自分の死に方をイメージする。どう死にたいか考えておく。50代になったら、死に方を考えはじめておきたい。

私も母が死に、次は私なのだと思ったとき、死はそんなに遠いものではないと感じられた。死に方を考えることは、どう生きたかにつながってくる。死に方とは、生き方なのだ。見事に生きた人ほど見事に死ねる。死は平等に訪れるが、死に方は人さまざまだ。

山の画家として有名な、曽宮一念《そみやいちねん》という画家は、富士の裾野に住み、つねづね木枯らしの吹く頃に死にたいと語っていた。その生きざまが、90歳を過ぎて、NHK TVで放映されたが、言葉通り、木枯らしの吹きはじめた日に亡くなった。一生夫につきそった妻は、一週間後に後を追うように亡くなった。見事な死に方だと思う。

木枯らしの吹く日に、枯木が朽ちるように、自然に亡くなりたいと、最後まで表現を続けた人の死、そして夫を支えることが仕事だった妻の死、二人の生き方の見事さをあらわしている。

私の母は、尊敬していた自分の母、すなわち新潟の私の祖母の生き方をまねて

「同じ日に死にたい」といっていた。そして、脳梗塞で入院後一週間でぱたりとこと切れて亡くなった。私にまったく迷惑をかけない死に方だった。母が亡くなってから気づくと、その日は3月18日。

「おばあちゃんと同じ日よ」

と誰かがいった。奇しくも母は、自分の望んでいた通りに死んだのだった。

そんなにうまくいくわけないとお思いかもしれない。けれど自分のイメージを持ち、そう生きようとした人には、自分が願う形の死が訪れることがあるかもしれない。

何も願わず、イメージせず、漫然とすぎている人には、そんな死は決して訪れまい。自分自身の思いやイメージがもともとないのだから。

私は、今どんな死に方をしたいかと自分に問うてみる。鮮明なイメージは浮かんでこないが、最後まで忙しく仕事をしていたい。自分を表現していたい。現役で仕事をし、他人に迷惑をかけないで死にたいということだけは願っている。

2章

50代から「人間関係」を深める

——友だち、夫婦、子ども、親

1 今からできる友だちづくり

友とするならこんな人

気づいてみると、友だちがいなくなっているということが50代ではままある。なぜか、子育てや毎日の忙しさにかまけて、自分のことに熱中しているうちに、太陽は西に傾きはじめ、友だちとの距離がすっかり開いてしまった。

とりもどすためには、どうしたらいいか。50代は再び友だちづくりを意識的にはじめる年代でもある。一人で淋しいことはない、友だちづきあいがわずらわしいという人はそれでもいい。友だちは減りこそすれ、自然に増えてくることはなくなる。

年を重ねると訃報をきくことが多くなる。去年も年賀欠礼のあいさつ状をずい分いただいた。年々増えてくる。一人減り二人減り知人友人が少なくなってくる。50代も後半になると、あの人もこの人もといった感じになる。

明日は我が身といった心細さも走る。だからこそ、友だちは大切にしたいものだ。友だちといっても、いつもべたべたくっついている人のことではない。べたべたしていると、おたがいにグチのきき合い、傷のなめ合い。そして話は堂々めぐり、二人で奈落の底に沈んでいくことにもなりかねない。

私は、抵抗感のある、気になる人と友だちになることをおすすめしている。適度の緊張感のある会話、ときにはライバルとして力を競い合う友だちがいい。同じ仕事や同じ専業主婦といった似た環境にいる人でもいいが、できればちがう環境の人とつきあいたい。新しい発見もあり、世界が広がる。

50代を過ぎると、熱心にクラス会に顔を出すようになる。私はなかなか行けないが、つれあいはよく顔を出している。それも中学・高校時代の同窓会が多いようだ。昔からの友だちと旧交を温める。それも悪くはなかろう。最初はしばらくぶりのぎこちなさはあっても、一足飛びに昔にもどることができる。地位や立場を乗り越え、利害関係ぬきの友だちは学生時代のよさだろう。

ただ私などは、広く浅くつきあうより、深く狭くつきあいたい方なので、小学校、中学校、高校と、一人ずついる親友を大事にしている。

小学校のときの友だちは、学校の入口にあった大きな医院の娘。今は北海道にいて、私が講演に行ったときには、訪ねてくれて嬉しかった。彼女は医者として今も現役だ。

中学時代の親友は、今富山にいる。医科大学学長夫人だったが、長年木彫の勉強をして、現代工芸展や日展にも出品していた。私が富山に行くときは、必ず会って旧交を温める。

高校時代の親友は、熊本にいて、小説を書いている。夫の転勤について行き、昔好きだった戯曲や小説に手を染めた。その第一作が、九州での同人誌賞になった。

みな、近くとはいいかねるところに住んでいるので、年に二、三回会えるだけ、あとは電話や手紙だが、決して裏切られることのない信用のできる友だちだ。それぞれの場で自分を生かしていて、話をするとおおいに刺激になる。

近くにいるのは、大学時代の友人で、父親のものだったビルを管理していて、私はその一階の隅に骨董のギャラリーを開いていたこともあった。反骨精神を失わず、自分の意見を持っているので、私は頼りにしている。彼女とは、大学時代、特に仲よくはなかった。それが卒業後、偶然会って以来、意気投合してしまった。

若い友人と出会える場とは

この他に新しくできた友人もいる。昔からの友人も得がたいが、心を開いて新しい友人をつくることも楽しい。

新しい友人は、みな私より若い。一人は彼女が松江に住んでいた頃、私が講演に行って知りあい、その後京都に住んで、乳ガンで数年前亡くなった妹のような存在だった。相手の立場を思いやれるきちんとした女性で、事務的なことの駄目な私は、いつも叱られていた。彼女の再婚相手は、私の知人で、私が二人の仲だちをする破目になった。

もう一人、鹿児島にいる友人も私より年若い。ユーモアと機智に富み、彼女の息子が獣医大学の学生として東京にいた頃、我が家の猫番をしてくれていた。今は鹿児島で開業。犬の温泉をつくって繁盛している。

こうした友人たちに支えられて、私は暮らしている。

来るものこばまず、去るもの追わず

一時期、親しくそばにやってきて、去って行った人たちもいる。こちらが感激するほどの親しさを見せ、私も人一倍親しくつきあっていたつもりなのに、ふっと背を向けていなくなってしまう。私が傷つけることでもいったのかと気にしていたが、他の人の噂だといつもそうなのだという。

来るものはこばまず、去るものは追わず、そう思っていないと、人間関係でいちいちわずらわされてくたびれてしまう。

長い間つきあっても、変わらないという人がいい。掌を返したような行動に出られると、めんくらってしまう。平らな心でどんなときでも、相手の話をきける友だちは得がたい。

その他猫友だち、猫好きの友人たちであり、鳥友だちはバードウォッチングに時々出かける仲間。軽井沢の山荘でつきあう仲間と、時と所とによって新しい友人ができてくる。新しい場に顔を出すことがそのチャンスになる。

必要以上に入り込まず、さりげなく、必要なときに親身にその人のことを考えられる友人を持ちたいし、私もそうありたい。

2
「男友だち」こそ50代からの特権

変なわだかまりにさようならしよう

女友だちより難しいのが、男友だちとのつきあい方だ。私のように仕事をして社会に出ている人間ですらそうなのだから、主婦業では難しかろう。

仕事場ではたくさん男性に出会っても、「こんちは、さよなら」と仕事が終わると終わりが多い。

つれあいもかつての仕事仲間だが、仕事が終わって以後の飲み仲間としての時代の方が長かった。若い頃はよく飲んだので、飲み友だちは多かった。ほとんど男性だった。

好意を持ったり持たれたり、恋愛感情を持った男性もいる。だがおおむね長続きしない。どちらかが結婚したりすると、終わりになる。悲しいことだ。

別に結婚しようとしまいと異性の友だちとしてつきあえればいいのだが。こちらにわだかまりがなくても、向こうにある場合も多い。亡くなった作家でシャンソン歌手の戸川昌子さんがかつていっていたことがある。

「あんなに花束かかえてきていたくせに、こちらが結婚したとなると掌を返したようになる」

私も何度もそうした目にあっている。それを乗り越えた友だちはできないだろうか。できるとすれば、50代を過ぎてから、いい友だちになれるのではないか。ギラギラせず、よき友人としてのつきあいができるかもしれない。

私の場合、今もつきあっている男友だちというのは、家族ぐるみのつきあいが多い。奥さんとも友だちで、一緒にオペラに行ったり、食事をしたり、先日はその娘さんの結婚式に二人で行ってきた。

私が古美術の小さなギャラリーを開いていたときのこと、高校時代の男友だちが訪ねてきた。共通の女の友人を通じて会いたいという話なので会った。頼みもしないのに、ギャラリーの高価なものを買ってくれ、恐縮していたら、しばらくして送り返して来た。理由は、奥さんが古いものは嫌いだからというのである。

私はあきれてしまった。私はその奥さんも知らないし、友人がいちいち奥さんに報告するとは驚いた。自分の裁量で買ったこと、事業を営む身なのだから、会社でもどこでも自分のものとして置いておけばすむことである。奥さんに報告し、あげくの果てに送り返すなどは、私の神経では分からない。

こうした行為を目の前にすると、価値判断のちがいに驚いてしまう。お金はもちろん返したが、そんな男性とはとてもおつきあいはできない。

まずは趣味の場に行ってみる

男でも女でも、価値判断のちがう人とはつきあえない。不愉快な思いをするぐらいなら、やめるにしくはない。

いやなのにがまんしてつきあうということはなくしたい。つきあいたくない人、いやな人には近寄らないこと、気分よくいるためのコツである。

趣味の仲間の場合は、価値判断は似ている。例えば、鳥を見にゆく仲間は、作家や編集者ばかりで、いつも笑いころげている。私のようにいっこうに上達しないものも大事にしてもらって、忘年会をしたり、旅に行ったり。

俳句の会の友だちもしかり。小沢昭一、和田誠、矢吹申彦、矢崎泰久といった俳優、イラストレーター、建築家と多士済々だが、月一回集まって遊んでいたので、俳句をつくることもだが、終わってからのお喋りが楽しかった。女も吉行和子、冨士眞奈美、中山千夏、白石冬美などユニークで才のある人たちだ。しかし、小沢さんも和田さん、白石さんも故人になった。

以前は私は句会がすむとすぐ帰っていたが、今はその後の話が楽しみになった。こうした同好の士の集まりでは、男女、関係なくつきあえる。

やってみたいという会があったら、進んで入ってみることをおすすめしたい。カルチャースクールでもよし。仲間の会でもよし、50代を過ぎたら、個人のつきあいもいいが、グループも楽しい。男女いりまじった会なら、自然に男友だちができやすい。

どこかへ出かけるとき、特に音楽会や展覧会などには男を連れていってほしい。夫でも友人でも恋人でも、兄弟でも、息子でもいい。男は仕事の忙しさにかまけて美に関するところへだんだん顔を出さなくなる。日本のように女ばかりというのは異常だ。欧米では音楽会や展覧会も男女半数か男の方が多いくらいなのだ。日本だってお茶もお花も男の美学から生まれた。女の習いごとではなかったのだ。

男を引きもどし、美しいもの、快いもの、命を大事にするといった女的な価値観を理解し、経済効率一辺倒の価値だけではないということを知らせるべきだ。

その意味でも、男友だちは必要である。好きなものを一緒に見に行ける友人、私はオペラに夫が行けないときは、友人のオペラ好きの夫を借りていく。夫は夫で、私が行けないときは、奥さんを誘う。ともかく、女だけで行動するのではなく、男が入ることで話題も広がり、見る目も変わってくる。

今つれあいは月一回、鎌倉へお茶を習いに行っている。さまざまな分野の男や女の友人が増えたようである。

3 年下の人たちの仲間になる方法

この一言はいってはいけない！

「今の若いもんは……」

「とってもついていけないわネ」

などといいはじめたら、年をとった証拠だといわれる。大昔から人間はそういって暮らしてきたのだろう。自分の若い頃も、当時の大人にとっては理解しがたい存在だったのである。それなのに、今の若い人のことをまったくついていけない考え方を持つ、宇宙人か何かの存在のように思ってしまう。

拒否反応を持ってのぞむよりは、できるだけ興味を持ってながめてみると、さまざまなことに気づく。

例えば、言葉のイントネーションがみんな平板になっている。彼氏というのはカレシとカにアクセントがあったはずなのに、今はカレシとどこにもアクセントを置かずにいうそうな。その言葉をきくと気持悪いが、なぜそうなるのかと考えてみる。すると、関西弁の影響に思いいたる。

お笑いブームで、関西のお笑いタレントが活躍する時代。言葉も影響を受ける。関西弁は平板なものが多いから、そのせいかもしれない。

などと考えてみると、現代という時代を反映していて面白い。若者はまっ先にそうしたものにとびつくから、拒否するよりは面白がった方が精神衛生上いい。自分は使わなければいいのである。

私は比較的若者にも抵抗感を憶えずにすんでいる。同じ人間なのだから、表面的にちがっても、それほど中味は変わるまいと思っていると、向こうも心を開いてくれるようだ。

どうしようもない若者だと思っていたのが、25歳を過ぎ、30歳になると、それなりに自分の考え方、生き方を身につけてきて、違和感もなくなる。その変化をながめているのも楽しい。

私に子供がいれば、その友だちとか、若者とつきあう機会も多いだろうが、子供がいないとつきあう場がない。だからできるだけ若い人とつきあうチャンスを多く持ち、一緒に話をしたり、お酒を飲んだりすると、思いがけず、仲良くなれる。

話をきくことからはじめよう

彼らもまた、友だちがいるようでいて、孤独なのだ。膝つき合わせて話をすると、懸命に自分の心の中を吐露する。自分の本心を喋ることなど、どこかでかっこ悪いと思っているらしく、茶化しながら、それでも少しずつ熱を帯びて話しはじめる。

若者に対してはきき上手に徹したい。こちらの意見を最初にぶつけると、抵抗感が先に立って、口をつぐんでしまう。ひとたび口をつぐんだが最後、なかなか開いてくれないから、まず相手の話をきく態度を示すこと。そうすれば安心して話し出す。

若者は若者で大人に抵抗感を持っているから、垣根をとり払うことが先決である。

私はかつて『ゆれる24歳』という本を書いた。24歳前後の女性何人かにインタビューをして、仕事、恋愛などについての意見を一人に幾日もつきあってまとめた本である。

この本が出たのが今から40年以上前なのだが、当時テレビドラマの山田太一脚本「想い出づくり。」の原案にもなった。文庫本になってからも若者に読まれているらしく、版を重ねた。

人間の本質そのものは、それほど変わらないのではないだろうか。時代によってとんでもない若者があらわれたり、理解しがたい行動に映ったりするが、それほど中味に変化はないのではないかという気がしてくる。だから、若者に対してかまえてしまったり、異人類を見るような目でながめることはしたくない。

意識しない、かまえない、迎合しない

つれあいは、報道番組のプロデューサーの後、大学の先生をしていたことがある。若者たちには、授業をしている間はいらいらさせられることも多くあったそうだが、ゆっくり話してみると、自分の大学時代とそうはちがわないとよくいっていた。

一緒に飲みに行くこともあった。つれあいが学生だったころには、同じ新宿でも安くてきたない飲み屋専門だったのが、今の学生は、新宿の高層ビルの夜景の美しいところと、一見高級になっただけという。

豊かで平和な時代の子に、戦争の話をしてもきかないし、とても理解されないと思いつつも、ジャーナリズムの歴史を教えるために、教材として戦争に関連のあるものを教えた。

学徒動員のニュースフィルムや、沖縄戦のフィルム、さらには、戦後のテレビ番組の名作「私は貝になりたい」や「新聞が死んだ日」などを見せると、感激して涙

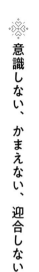

を流したという。放送局や新聞などジャーナリズムの道に入った学生も多い。

感受性の強い時期だけに、感じることは多いのだろう。

テレビマンとして放送局で報道番組をつくっていたときは「時代に合わない」とか、「若者には興味を持たれないだろう」と考えていたものが、実は時代を超えてよいものならば、人の心に響くのだということが分かったという。

若者は敏感で、ものの本質を感じとってしまう。大人のまやかしやずるさで対したのでは、すぐ見ぬかれてしまう。妙に若者に迎合してしまうのもよくない。

自分の思いをまっすぐにぶつければ、必ずや共通項を見出すことができるだろう。

若い世代とつきあうからといって、意識したり、かまえたりすると、それがそのまま伝わってしまうから、自然体で対するに限る。

とても理解できない、ついていけないと思ったら、想像力をたくましくすること。

自分がこのくらいの年代のときはどうだったろうか、自分の若い頃、年上の人をどう見ていただろうかと考えてみる。

そこから答えが出てくるかもしれない。道が見つかるにちがいない。

4 夫を最高の一味にするために

仕事の行方を見守る極意

50代は、夫婦の間に大きな転機の訪れる時期である。子供が巣立って、再び二人で顔を合わせる暮らしがやってくる。夫や妻が定年を迎えることで、家にいる時間が長くなる。

定年は60～65歳という会社が多いけれど、実際には55歳ぐらいからはじまっている。準備期間といえるだろう。

その定年を迎える夫とのつきあい方をどうしたらよいか、考えておきたい。

口には出さなくても、定年は夫の心に重くのしかかっていることだろう。その後の人生を、どう過ごしたらいいのか。次なる仕事探しのことが頭を占めているにちがいない。仕事をしている妻の場合も同じだ。

これからの夫婦関係および財政状況を本気で考えるなら、「仕事は決まったの」とか、夫が次に考えている仕事への不満などは、まちがってもいうべきではない。収入や地位にこだわるのではなく、夫がやりたい仕事をして欲しい。

私の知人に、定年後新聞配達をはじめた人がいる。現役の頃は、有名テレビ局の局長までやった人だが、自分で希望して新聞配達をはじめた。朝は早いが、歩くので足が丈夫になり、健康だという。生き生きして顔つきも足どりも少年のようだ。

夫の知人で、マンションの管理人をはじめた人がいる。一流会社に勤めていたが、今の仕事が気に入っているという。

どちらも、地位だの体面だのを考えずに、自分のための仕事を選んでいる。いつまでも過去にこだわっていては、自分の人生が不幸になる。お互いに、自分で決めた人生を尊重しよう。

定年まぎわになると、不安や焦燥にさいなまれることが多い。夫を、妻を温かく支えるのは、しっかりと現実を見すえた、お互いのかしこさである。

再びデートを楽しむまでの道

つれあいは、自分の定年を50歳と勝手に決めて、テレビ局をやめてしまったが、私はそれも次なるステップのためには必要かと思って何もいわなかった。収入は不安定になっても、好きなことをしたい気持ちは分かる。友人とドキュメンタリーの制作プロダクションをつくって海外取材が続き、体をこわしたのをきっかけに、大学教授に転身。ジャーナリズムを教えていた。

私だって、放送局を9年でやめて、以後自分の希望だった物を書く仕事に向かったのだ。夫のことをあれこれいう権利はない。人生は一回しかない。せめて定年後の人生は、思い通りにすればいい。

仕事を持つことは大切だ。するべき義務感のあるものはあった方がいい。再就職はいうに及ばず、ボランティアなどはおおいに結構だ。

50代であれば、子供の教育費などまだ出費は尽きないだろうが、それでも50代にお金にならないことをはじめておくことには意味がある。なぜなら、それがその後の人生を決める。

過去の仕事のあり方にとらわれなければ、いくらでも仕事はあるということを考えたい。家庭の中にもすることはたくさんあるのだ。家にいるのが楽しいことだと自宅でのリモートワークで気づいた人は多い。家には夫の居場所がないというけれど、認識を新たにした人も多いだろう。


これからは、勤めていたときのように夫が留守がちということは少なくなる。いやでも顔つき合わせる時間が多くなる。顔を合わせなければ、気にもならないし、けんかにもならないけれど、目の前にいるとつい気になって何かいいたくなる。

我が家でも、夫がテレビ局をやめ、大学の先生になり、家で原稿を書いたりする時間が増えてくると、私も家で書いているので、顔つき合わせる時間が多くなり、最初はいらいらした。今までのペースでは暮らせなくなり、気になることや文句をいいたくなって、衝突することが多かった。

今はそれを上手に切りぬける方法をだんだん身につけてきた。けんかになりそうなことは、深追いせず、さらりと逃げて、次の話題に転換する。

私は好きな演奏会やオペラは、ほとんど一人か友だちと出かけていた。絵を見るのも焼物を見るのも一人が一番と思っていた。だが、今はできるだけつれあいを誘う。最初はしぶっていても、今ではすっかりオペラや演奏会が好きになった。絵や古い焼物や塗物、骨董類も、私は好きで、よく見て歩いていたが、一緒に見て歩くうちに男は凝り性だから、すっかりはまってしまい、私より詳しくなった。二人で赤坂に小さな骨董のギャラリーまで開いてしまったのだ。

夫婦の間に演出を考えよう。手をこまねいている暇があったら、二人で楽しめることを見つける。旅でもいい。テニスでもゴルフでもいい。

夫婦二人の新しい人生の序章は50代からはじまる。それが定年だと思えば楽しくなる。定年前から少しずつ自然にはじめておけば、無理なく移行できる。

5 夫と家事を共有する方法

家事の「面白さ」を伝えよう

家の中の楽しみの一つは、家事である。男性に家事の楽しさを知ってもらうことはぜひ必要だ。家の中の居場所をつくることにもなる。

家事といっても食事の支度や掃除、洗濯ばかりではない。衣・食・住、教育、経済、生活の土台をつくっているのが家事、すなわち家のことである。

家に暮らしている人間ならば、男も女も、大人も子供も最低一つは家のことをやらなければ、その家の人とはいえない。

夫も例外ではない。いかに外の仕事が忙しかろうと、家の中のことを一つは分担する。嫌いなことは長続きしないから、好きなことを一つだけ。専業主婦がいる場合は、一つでもいいが、共働きの場合など同等にわけることも当然だ。

子供も勉強が忙しかろうが、家の中のことを一つやる。大事な教育ではなかろうか。

かつて、映画監督の羽仁進さんと高齢化社会のシンポジウムでご一緒したときのこと。こういわれた。

「私も年をとって外の仕事が少なくなるかもしれず、家に仕事を見つけました。皿洗いをやっています」

後片付けをするのが羽仁さんの仕事。料理をつくって、さらに後片付けをするのは、女性にとってはいやなものだ。その後片付けを担当し、お皿やコップをピカピカになるまで磨く。こんな大事な仕事を女子供にまかせておけるかという。

誰にいわれたわけでもない。羽仁さんは自分で見つけたのだ。外の仕事だけが価値のある仕事ではなく、家にも価値のある仕事があると、価値の転換がはかれる人は、ナイーヴな若々しさを持っている人だ。社会的地位だの男のメンツだのにこだわっている人ほど、硬直した不幸な人はない。

「おだて」は最高の武器

私のつれあいもすでに価値の転換ができている。その点はおおいに買っている。料理が趣味なのだ。転勤で地方に赴任するときも、5本の包丁を持って、いそいそ出かけたし、時折りかかってきた電話では、
「ちゃんと食べてる?」
と私のことを気づかっていた。うちでは夫がつくる人、私が食べる人だからだ。他の家庭と逆のようだが、上手に食べて、批評し、おだてるのが私の役目。

そうはいっても、外の仕事もあり、なかなかつくれないが、土日はまず夫がつくる。献立をたて、買物に行き、私が講演先から疲れて帰る頃には、おいしいものができている。

羨ましいと友人たちはいうが、義務でつくっているのではない。趣味であり、息

ぬきであり、私には夫の才能の芽をつむ権利はない。上手にほめると、またがんばってつくってくれる。

その場合、私は必要以上にありがとうとは思わないことにしている。私も仕事をしている人間であり、それぞれが得意とする分野の家事を担当すればいい。私は夫がつくったときは、後片付けをする。別にとり決めたわけではなく、自然にそうなる。

夫が家事をすることを、必要以上にありがたいと思うのは、女自身が家事は女の仕事と思い込んでいる証拠だ。こんなにバラエティに富んだ仕事を男にわけ与えない手はない。

その場合大事なのは、文句をいわないことだ。

たまに買物に行った夫に、「お金使い過ぎちゃって困るわ」だの、台所に立った夫に、「ほら、また焦がしちゃって」だのとは決していわない。

少しぐらい使い過ぎても、焦がしても、最初は慣れていないのだから、あたり前、目をつぶろう。

回を重ねるうちに、自分で要領が分かってくる。我が家でも最初はお金を使い過ぎたが、今は私より経済的に買うようになった。長い目で育てないといけないのだ。長い目で育てることを教育という。夫を上手に教育すること、まず家の中に夫を引きずり込むことからはじめたい。

家の中では二つの価値観をまぜてしまおう

好きなこと、興味のありそうなことは、見ていれば分かる。花や植物の好きな人には、庭やベランダの草花の水やりや芝生や植木の世話をやってもらう。器用で、日曜大工などの好きな人には、家の中をどこか修理できるようにしておく。そして経済に明るい人には、もっと経済的に暮らせないか、家計簿をつけてもらう。何でもいいから、何か一つ家事を夫がやることにする。やってもらうのではなく、当然の権利としてやるのだ。

家の中のことをやれば、過剰包装によるゴミの多さ、無駄の多さにも目が行く。

いつもつくる側にいる男に、使う側の視点ができる。そのことが大事だ。

私は男と女が、職場でも家の中でも、まじり合うことが大切だと考えている。経済効率を優先させる男的な価値観の中に、ほんとうの快さ、美しさ、命の大切さを優先させる女的な価値観が入り込む。このことが大事だ。

二つの価値観が併立し、比例してくれればいいのだが、二つの価値観は併立どころか、反比例することが多い。バランスをどこでとるか、それには、男的な価値観が支配する職場に、女的な目が持ち込まれなくてはならない。

家庭の中にも、女の目だけでなく男の目が入ってくることで、今までとちがった暮らし方ができるはずだ。日本でも、外は男的な価値観で、内は女的な価値観でとわかれてしまっている。それをなくし、外でも内でも、男と女がまざり合うことから、新しい道が開けてくるだろう。

快さ、美しさ、命を大事にする女的な価値観が大切にされなければならない。そのために、少しでも早い時期に男に家の中に目を向けさせ、家事に参加させることが必要である。

6 八方美人はもうやめよう

がまんほど体に悪いものはありません

50代はこれまで親がやってくれていた親類とのつきあいが、自分の番としてまわってくる時期だ。

親類というのは、考えようによっては面倒なもので、どこまでを親類としてつきあうかは難しいところだ。

不思議なもので、類は友を呼ぶというように、こちらが好意を持つと、向こうも持ってくれる場合が多い。こちらが好意が持てないと、向こうも虫が好かないと思っている。親類といっても人間同士だから、自然に気の合う合わないでつきあいの度合いは変わってくる。

いやなのをがまんして、儀礼だと思ってつきあっていると、体によくない。私は50代になったら、無理をしないですむ気の合う人とだけのつきあいをすすめたい。

若い頃は、みんなにいい顔をする必要があったが、50歳を過ぎたら八方美人のつきあい方はやめよう。自分の好きな人とつきあうこと。

そのためには、積極的であっていい。あの人は面白そうだとか、あの人の生き方は学ぶところがあると思ったら、遠慮せず近づくことにしよう。うるさがられても困るが、邪魔にならぬ程度に近づきたい。あまり興味のない人には、義務でつきあわないこと。陰でいわれることもあるかもしれないが、気にすることはない。そのうち向こうが興味を失ってくれるだろう。

あなたに子供がいる場合、娘や息子の結婚相手の両親は、もっとも近い親類になるわけだから、これだけは義理でもつきあわないわけにはいかない。それでも無理をしてまで立ち入るよりは、折りにふれてご機嫌伺いをする程度でいいのではないか。

優先順位でおつきあいを減らす

日本では冠婚葬祭というさまざまなつきあいの機会がもうけられている。すべてをきちんとすることは経済的にもたいへんだから、重点的に考えたい。

この中でもっとも大切にすべきは、葬だと思える。冠婚祭などの祝いごとには、頼まなくとも人は集まってくれるし、浮き足立って賑やかだが、葬は悲しみの儀式だ。人を失う悲しさ、淋しさ、しかも最近は、ガンや生活習慣病で夫を妻を若くして亡くすケースも多い。そんなときは何を置いてもとんで行きたい。それほど親しくなくとも、私は葬だけは許す限り行くことにしている。

お通夜も告別式もどうしても行けないときは、後で伺う。困ったことにコロナの時期、それができなくなった。

せめて手紙か電報、電報の場合でも、ありきたりの電文ではなく、文面を自分で考えよう。

「突然のことで言葉もありません。今日からは、ご主人様はいつでもあなたと共にあって、あなたを守って下さることでしょう。心からご冥福をお祈りします」とか、何でもいいから、自分で考えた言葉を添えたい。

手紙でもいい。一言でもいいから書いて送ると、相手の心に届く。お金や花や物でするよりも、言葉は人の心を打つ。

新型コロナによって葬の形も変化した。家族葬が多くなったのだ。こんな時も、一言添えることを忘れないようにしたい。

最近は、電話やファックス、eメールが多くなり、便利になって、手紙を書かなくなっている。だからこそ、手紙は効果的なのだ。

自筆で書かれた手紙は、別に葬のときでなくとも、お祝いにもおおいに活用したい。娘や息子の結婚相手の親や親類にも、手紙を出すことは大切だ。

日本の場合、お中元、お歳暮、クリスマス、母の日、父の日、敬老の日と、お祝いの贈答をする機会は一年のうちに何回もある。その上、お誕生日祝いとなるといくらお金があっても足りない。お祝いをするのは一つか二つに最初から決めておいた方がいい。相手方が古い家ならば、日本古来の中元、歳暮の方がいいかもしれないし、洋風な家やクリスチャンの家庭ならば、クリスマスプレゼントを豪華にして、あとはしないと決めてもいい。

あなたが決めた流儀でいいのです

私は、つれあいの方の親類とのつきあいや、知人とのつきあいには、誕生日をおおいに活用する。お祝いを送る場合もあるし、一緒に食事をすることもある。好意を持った人の場合は、その方が一緒に楽しい時間が持てる。私の家に招くこともあるし、おすすめのおいしい店で、相手の好きそうなものをセッティングすることもある。

ある年代になると、お中元、お歳暮はもらっても、お誕生日を祝ってもらうことはまれなので、かえって喜ばれることが多い。

義母には、母の日と誕生日、敬老の日と贈り物をする。できるだけ、はなやかにして。包装なども考えて、花を贈ったり、見て心の開くものをと考えている。

お中元、お歳暮はいっさいしない。いただいてお返しが必要と考えた場合にはするが、原則としてしない。親類も知人友人も、我が家の主義をよく知っているから、私たちがしなくとも何もいわない。そのかわり、誕生日や、私が旅に出た折りなどには珍しいものを見つけて送る。

お中元、お歳暮をいつも贈っていて、急にやめると首をかしげられるが、最初からなら相手も理解してくれる。

最初が肝心。私たちのおつきあいの流儀はこうですよ、ということをはっきりさせた方がいい。

世間体や相手の考えばかりを気にして相手に合わせていると、楽しいおつきあいはできない。

7 誰かに対する期待は捨てよう

自分以外は思うようになりません

知人の息子さんで、医者になるべく上京して3年、ご両親は、普通に学校に行っているものと信じていた。そこへ学校から、このままでは卒業できないかもしれないとの通知が来て、知人はあわてて息子さんに会いに来た。

きいてみると、学業の途中で、他の職業の方が自分には向いていると思えてきて、学校にほとんど出ていないとのこと。

かといって、親の期待を裏切って学校をやめることもできず、彼自身も悩んでいた。結局、もう一度学校にもどってやり直すと本人がいってことなきをえたが、こうしたケースはいくらでもある。

親に期待されればされるほど、子供にとっては重荷である。地方から出てきて、両親が懸命に働いて送ってくれる学費で学校へ行く。だが、自分の思っていたのと、学校で習うことがちがう。ギャップを埋められないまま、授業に出なくなり、アルバイトに精を出す。東京にはとりあえずお金になる仕事はあるから、暮らせなくはない。さまざまな誘惑やチャンスも多く、学業がおろそかになってしまっても無理からぬところだ。だが、親を裏切っている負担は心の中で増していき、しだいに追いつめられてしまう。

そのことが知れたとき、親がどんな態度をとるか、私の知人の場合は見事だった。期待を捨てたのだ。息子さんへの親からの一方的な期待を反省し、息子に期待しないと決めた。

自分の意見としては、大学を卒業した方がいいし、その上でしたいことをすればいいと思う。けれど息子がどうしてもちがうことをしたいというならそれもいい。自分で責任さえ持てば。

「考えてみれば、息子も成人を過ぎて、私たちの役目は終わったんです。成人したら、自分で責任を持って生きればいい。私たちも彼に期待することはやめました」

さばさばした顔でそういう。大賛成だ。家族が仲のいいのは結構だが、ある年になったら親離れ、子離れしなければおかしい。

新しい関係をつくるのもいい

親は少なくとも、子供が成人したら、期待しないことだ。小さい頃から、余分な期待はしない方がいい。期待はやがて親の側からの一方的な押しつけになって、子供をがんじがらめにしてしまう。

心の中で黙って期待している分にはまだしも、言葉に出すと、負担は倍増する。成人までは面倒を見る義務があるが、それ以後はもういい。きっぱりと自分の中の期待を捨てよう。

娘や息子を個として認めるということだ。自分の子供ではなく、一人の個人である。

親子ではあっても、別々の個人なのだ。家族ではあっても、成人したら、別の人格である。ライオンや虎など動物たちも、仔《こ》が一人前になると、旅に出したり、崖からつき落したり、頼られることを拒否して一人前にする。

北海道に住むキタキツネも、子供の頃は兄弟仲よく暮らしているが、一定の時期が来て一人前になると、巣から追い出される。自分で食物を探さなければならなくなる。

胸しめつけられる別れだが、人間だって同じだ。いつまでも子供は親にもたれていてはいけない。

子離れ、親離れというけれど、離れなければいけないのは親の方だ。子供は、親がかりならラクだから、自分からはなかなか出ていかない。無理やりにでも離れさせるのは、親の役目だ。親の方から子離れすること。そうすれば、子供の方はやむなく親離れして独立していく。

最近は、子離れが下手な親が増えている。いつまでも手元に置いて、自分の管轄下に置いておきたい。自分が淋しくならないためにと手離さない。これでは子供は、自立してゆかない。

「男の子より女の子の方がいい」という親が昨今増えているという。男の子は結婚した女性次第だが、女の子だと、いつまでも親のところに出入りしてくれるからだという。男だって女だって成人したら、もう自分の手を離れたと思った方がいい。心配でも表へ出さず、どこかで見守っていればいい。

子供に独立心を植えつけ、一人立ちしてほしいと思ったら、自分の子供という考え方をやめること。一人の個として認めてあげる。その上でたまたま親と子という間柄なのだと考えたい。

親子が先にあっては、相手を個としては認めにくい。親子だからという甘えを捨てて、押しつけることをなくそう。子供を個として認めれば、子供の方も親を個として認めてくれる。

私の知人の場合も、親の方が息子に期待することをやめ、自分たちの老後のために、二人暮らしに適当な小さな家に建てかえたら、息子は自分から大学にもどった。親の翼の下にいたから、甘えて他の職業に色気を出してみたが、自分で生きていくしかないと考えたとき、何をしたらいいのか、選べばいいのかが自ずからわかったという。50代は子離れの季節である。

8 外れる「あて」は最初からしない

期待は自分にすべきもの

子供に期待しないということは、言葉を変えれば、子供をあてにしないということだ。子供に老後の面倒を見てもらおうという期待は持たないことだ。

子供にも期待されては困る。あてにされては困る。財産を残してくれるなどと思われては困るのである。期待には応えられないとはっきり子供たちに告げることも大切だろう。親が死んだあとの、醜い兄弟の争いはいやというほど見てきた。うちに限ってといっている家ほど、いざ親が亡くなると問題山積で、こんなはずじゃなかったと骨肉相はむ争いになり、それぞれのつれあいという応援団がついてややこしくなる。

私たちは何も残しませんから、自分たちで精一杯楽しんで使い切って死にますから、といっておく方がいい。

私の知人にも、自分たちが亡くなったら、残ったものは指定の福祉団体へ寄附するという遺言をつくっている人がいる。

自分たちも子供たちに期待しないかわり、子供たちにも親に期待させない。欲得ずくの親子関係ほど悲しいものはない。

では期待は、誰にしたらよいのか、自分にだけすべきだといいたい。50代になって、年を重ねるごとに自分らしく、個性的に暮らして見せることへの期待、子育てや外で働くことに忙しく、できなかったほんとうにやりたいことをやることへの期待、いくらでも期待はふくらんでくる。

自分の可能性を試せるのだから、いくら自分に期待してもしすぎるということはない。

期待は他人にすべきものではなくて、自分にすべきものである。自分への期待なら、自分にもどってくる。やらなかったのは、自分の怠慢でしかなく、次の機会にはがんばってみようと思う。

他人に期待して思い通りにいかないと愚痴になる。自分の子にもあんなにしてやったのに何もしてくれない……となる。自分がしたいから子供にしただけで、見返りを期待してはならない。期待すると裏切られたときのしっぺ返しは大きい。

期待もしていないのに、思いがけずやってくれたときにはほんとうに嬉しくなる。期待していたことを期待通りやってくれてもありがた味は薄い。

人数は少ない方が濃く生きられる

かつて日本は、大家族だった。経済的な理由やさまざまな理由で、昭和20年代までは大家族が多かった。今や核家族は当然になり、年を重ねた夫婦が二人で暮らさなければならない。一人暮らしもあたり前だ。

夫婦二人で向き合う間もない人生を送ってきたが、子供たちが巣立ったとき、やっと二人にもどれる。さあこれからが私たちの人生、楽しんで過ごそうじゃないか、と思いたい。

私のまわりでも、最近夫婦二人の旅行が大はやり、それまでは時間的経済的余裕もなかった人たちが、自分たちだけのために時間とお金を使おうと決めて、行きたいところへ行く。

絵が好きだった夫は、美術館を見て歩く。音楽好きの妻はオペラに夫を誘う。おたがいに新しい発見があっていい。

子供夫婦が一緒に行きたいといい出して、日頃、まったく干渉しない二組の夫婦の間でも発見があったという。

夫婦が元気な間はいいが、片方がいなくなったらどうか。しばらくは淋しさをまぎらわすために、外へ出かける回数を増やしたり、家の改造をしたりするが、息子や娘夫婦と暮らすことは考えない人が増えた。

私の母も父が亡くなり一人娘の私と一緒に住みたいというかと思ったが、一人暮らしがいいといって一軒家で81歳までがんばった。ほんとうは淋しかったのかもしれないが、今が一番自由だといい、この自由を奪わないでちょうだいといった。

その意地が一人暮らしを耐えさせた。自分で一軒の家を守らねばという気持ちが、脳梗塞で倒れるまでの一生を支えた。高血圧で心臓も悪く、糖尿の気もあったが、私に迷惑をかけたくないという気持ちがあったからこそ自分なりの生き方ができたのだろう。

一人になってから短歌をつくり、私が歌集を出してあげるからといっていたが、間に合わなかった。一周忌の墓前に「むらさきの」と題して母の好きな紫の和紙で歌集を編んでそなえた。

生きている間は、唯一の親孝行に、毎晩必ず電話をした。どんなに遠くへ仕事で出かけていても。母が私に何も期待せず、あてにしていなかったから、私は自分にできる最低のことだけはしようと思った。

母が、一緒に暮らしていたら、うまくいったかどうか、お互いの間に思いやる気持ちが生まれたかどうか疑問である。

9 大切な人の死が教えてくれること

親の死は突然やってくる

親の死は突然やってくる。子供の側からいうと、親はいつまでもいてくれるような気がしているものだが、思いがけない形でやってくる。

私の父は、老人性結核にかかり、入退院をくり返していた。三度目の入院のとき、前日夜に公衆電話から母に自分で電話をしてきたのに、次の日急変し、病院からの連絡でかけつけてみると、すでに酸素吸入器をつけていて、翌日あっけなく亡くなった。

納得がいかぬ点も多く、病院側に質《ただ》したいと私はいったが、母はかえらぬものは仕方がないから、やめてほしいというので、母の意を汲んでそのままにした。

母は、心臓が悪く、二度入院したことがあり、気をつけて暮らしていたが、脳梗塞で自宅で倒れ、私たちが飛んで行って入院させた。それから7日で急に意識がなくなり、3日後に亡くなった。

あっけない死だった。本人が一番死んだ気がしていないのではないかと思えた。最後にもう少し私に面倒見させてくれてもよかったと思うのに、あなたに面倒をかけたくないというのが口癖だったから、自分の思い通りに逝《い》ってしまったのだろう。長患いもせず、私に面倒もかけず、友人知人は、「ほんとうに子孝行な死に方だ」という。

私自身は子供の頃から体が弱く、超過保護で育ち、母がいなければとても生きてはこられなかった。戦後の苦しい時代を生きぬいたのも、私が仕事ができたのも、すべて母のおかげ、私は母の掌《てのひら》の上で踊っていたにすぎない。

そんなふうに思えるのは、母が亡くなったからであって、生きている間は、相変わらずわがままをいい、面と向かうと歯向かいたくもなったが、亡くなってみるとそれはできない。

私のように、母に支えられていた人間にとって、母が死ぬことは考えてみたくないことだった。亡くなってからどうなるのかと心細かったが、いざ母が亡くなってみると不思議と淋しさはない。

母の夢もあまり見ない。たった一度、母は美しい花の咲く野原を歩いていた。後を追いかけたが、姿を見失ってしまった。

「母追えば夢の花野に見失う」

そのときつくった句である。

その他は夢にもあらわれない。私が薄情なのか、母がさっぱりしているせいかとも思ってみるが、そうではないらしい。母は肉体を失った瞬間から私の中に入り込んでしまったようだ。私の血となり肉となり、同化していつも私と一緒にいるのだ。

生前は別れていたから心配もしたが、今はその必要もない。

何かを選んだり決めたりするとき、母だったらとつい母の目で選んでいる自分に気づいて苦笑することがある。

母はものを選んだり決めるのが早い人だった。好みもはっきりしていて、着る物を買うときも「これ」といったら迷わなかった。私はけっこう迷うのだが、結局、母の選んだものがまちがいがなかった。母は自分の価値観を持っていたのだと思う。

人のために何かをすることが好きで、私は、もっと自分のために生きたらといったものだが、彼女にとってはそれが楽しみであり、生き方になっていた。気前がよく、自分が食べたり着なくとも、他人のためにすることをいとわなかった。

時々、友人がいう。「この頃お母さんに似てきたわネ」

母が生きている間は、似るのはいやだと思っていたが、今はそうでもない。やはり母は私の中に入り込んでいるらしい。

あなたも命のバトンをたくされている

母が私より先に亡くなることで、私は一番大きな親不孝だけはせずにすんだ。

子供は親から愛情を受けるのを当然と思っているところがある。

親はありったけの愛情を子に注ぐ。愛情をかけられた方は、かけてくれた人のことをそれほど切実に思っているわけではないが、愛情をかけた方は、目が離せない。成人してもいつもどこかに引っかかっている。その愛するものを失った悲しみは筆舌に尽くせぬものがあろう。親より先に死ぬのは最大の親不孝なのだと思う。

幸せにも私はそれをしないですんだ。

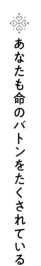

母が亡くなった今、目の前の屛風が払われて見晴らしがよくなった。いつも母という屛風が前にあり、風雨をよけていた。死に対してもどこかで母が先、その次が私の思いがあった。

突然屛風が払われてみると、次は私なのである。遮るものはない。確実に次は私の番なのだ。両足をふんばって開き直るしかない。もはや遮るものも保護してくれるものもない。風を前面に受け、雨を頭に受けて、すっくと立ち向かっていかなければならないと思うと勇気がわいてくる。

こうやって人の歴史は続いてきたのだ。親の思いを子が引き継ぎ、子の思いを孫が引き継ぐことで連綿と続いてきた。

親の死は、親の思いを子に引き継ぎ終わったことなのだ。そう思うと悲しいとか淋しいとかいう感情はあまりわいてはこない。

引き継いだものを大切にして生きていこう。

自分の親ばかりではない。夫の両親についても縁あって関係ができたのだ。亡くなってみると、悪いことは思い出さない。よいことばかり思い出す。

バトンタッチされたバトンを次の世代に引き継ぐまで、それぞれが走り続けなければならない。親の死はそのことを教えてくれる。

10 去られる淋しさへの対処法

「離れる」ことも人生の大事な局面

馴染みのバーで、こんな話をきいた。ある有名作家のお嬢さんが、結婚することになり、最愛の娘をとつがせる花嫁の父は、その日のためにそなえて、自分はいつものように酒を飲まずに、「今日はみんなの分を持つ」と居合わせた何人かに酒を振る舞ったという。

私は、その作家をよく知っていて、お嬢さんへの溺愛ぶりも目にしているだけに、気持ちがよく分かる。彼は娘への祝福のためにみんなに酒を振舞ったのではない。むしろ娘を他の男にとられるやけっぱちな気持ちを口走り、勘定を持つことになってしまったのだった。

男親の娘への愛情は、母と娘の間とは、ちがうものらしい。女親は、逆に息子が結婚することになると、息子をとられるような気分になるらしい。頭では我が子ももう一人前だから関係ないと思っていても、そうはいかない。

成人が親離れの精神的なきっかけだとすれば、結婚は現実的な親離れだ。結婚した二人は、それぞれの家や親から巣立って一つの独立した家庭をつくる。親離れ子離れをきちんとしたいと思うなら、結婚は本人たちに責任を持たせるやり方にしたい。息子や娘の独立した家庭を尊重したい。いつまでも自分の娘や自分の息子で思い通りになるなどと思わぬことだ。

結婚後もあまり往来はせず、そっと見守るのがいいのかもしれない。

私の場合は、30歳を過ぎての結婚で、二人の意志であいさつ状のみ。結婚式といえば、散歩の途中、近所のお寺や神社をまわって二人で手を合わせ、家で母の手料理を家族と食べただけ。そうしたいというのが私たちの意志だった。

父母は当然いい顔はせず、結婚式もしてもらいたかったらしいが、私たちの結婚だということで納得してもらった。親は、結婚や結婚式にも期待を持たない方がいい。裏切られたときのためにも。

当座は、私の父母の家に一緒に住んでいたが、これはまずいと思いはじめた。私は仕事をしているので、母がいてくれると何かとありがたかったのだが、結婚する前と同じように私もどこかで母をあてにし、母も私をあてにしている。以前と何も暮らしが変わっていないのだ。家の中にもう一人男が増えただけだ。

彼は、私たち親子の間では異分子だから、母にすればやり方がちがうと文句もいいたくなるし、気もつかう。とばっちりが私にくる。

嫁と姑というけれど、婿と姑の間もうまくはいかぬものだと実感した。母にしたら、一人娘の私をとられた思いがあるのだろう。二人で出ていってくれれば諦めもつこうものを、一緒にいると、毎日目にし耳にし、一言いいたくなるようなのだ。

ついに、私たちはマンションを買って家を出た。時折り顔を合わせる方がうまくいく。父が死んで母が一人になっても崩さなかった。母にとっても私にとっても結局よかったと思っている。まわりの人たちは、なぜ一緒に暮らさないのかと、私が薄情だといわんばかりだったが、あえてそうした。

距離は離れても心はそばに置く

独立した家族だからといって知らんぷりはいけない。折り折りに気をつかって表現することが必要だ。

自分の息子や娘には、お互い分かりあっているのだから特別なことはしなくとも、相手には、例えば誕生日とか、何かの祝いだとかに気をつかいたい。自分の手料理でもいいし、心ばかりの贈り物でもいい。

私の場合、夫の母親の料理の中で、香料をきかせた独特の中華料理が好きだ。そういうと、何かの折りに義母はそれをつくってくれる。そうしたちょっとしたことや、地震があったお見舞いとか、雪が降って大丈夫かとか、電話をするだけでもいい。

心を通じ合わせる工夫が必要だろう。

50代は、子供たちが親離れをし、自分たちの家庭を築くべく、家から出ていく時期なのだ。

一抹の淋しさはあろうけれど、それをどうとらえるか、息子や娘をとられたと思うか、別の家庭ができたことを喜べるかどうか、心の葛藤の中で、生き方を試されていると思っていい。

11 大きな心で生きていくために

「想定外」に動じない考え方

かつて土井たか子さんが社会党の委員長だったとき、当時の中曽根首相への代表質問にこんないい方があった。「女は三つの老後を生きなければならない。一つは両親の老後、二つ目は夫の老後、そして三つ目が自分の老後……」

考えてみれば、女の場合、この三つの老後がついてまわる。それが女にだけ課せられていると思うと、こんなにしんどいことはない。

二番目と三番目の老後は自分たちのことだから自覚しているだろうが、若いときにうっかり忘れているのは、一番目の両親の老後である。

50代にさしかかると、親はたいてい70代から80代であり、介護が必要な年齢を迎える。

元気だった親が脳梗塞で倒れる。階段から落ちて足の骨を折る。そうしたことが多くなる。突然、目の前に親を看るという現実がおおいかぶさってくる。そのときどうとらえ、どう対処するか。


私の友人の場合、それまで一人暮らしで別居していた夫の母と、一緒に住むことになった。ずっと別れて暮らしていたから、それぞれの生活ができ上がっている。それを維持することができれば、問題はなかったが、広くはない住宅事情では、いやでも鼻つき合わせ、ことごとに気になり出した。母親も元気をとりもどすにつれ、家のことに口を出しはじめた。二階に義母がいると思うだけで心が暗くなる。

自分が外に出る努力をし、顔を合わせる機会を減らしたが、母親が再度発作を起こして倒れたとき、専門の施設に入れることを決心した。夫は反対したが、母親をとるか私をとるかと離婚覚悟で迫ったという。

もっとも環境のいいと思える施設を彼女が必死で探し、そこに義母を入れることになった。最初こそ文句をいっていたが、友だちもでき、今では気に入っている様子、いつもいがみあって一緒にいるよりはよかったと友人はいう。時々訪れれば、しばらくぶりで話に花が咲く。離れてみれば、お互いを冷静にながめる余裕もできた。

母親に対してかわいそうな気がしないでもないが、長年離れて暮らしていて、突然一緒になると問題は多い。

かつてのように大家族制度があたり前になっていた時代なら、結婚したてから両親と一緒に暮らすのが当然で、知らぬまに、お互いの暮らし方を理解するからいいのだが、現代のように、最初は離れていて、途中からというケースが一番難しい。

解決するためには、どんな方法があるのか。

できるだけ部屋は独立している方がいいし、食事も別々で、週に一、二度、あるいは、何かことがあるときに一緒にする方がいいかもしれない。

「明日は我が身」が気持ちの余裕を生む

父方の祖母は、私たち一家と暮らすようになっても、あなた方に面倒はかけませんといって、離れに一人でいて自分の身のまわりのことは自分でし、私たち一家と距離を置くようにしていた。気の強いしっかり者だからできたのだろうけれど、ちがう生活を認め合うと比較的うまくいく。

特に元気なうちは、外に行く楽しみを見つけるといい。老人会でも、カルチャーセンターでもいい。私が受け持っているNHK文化センターのエッセイ教室にもそういう方が多く通っていて、毎日勉強で忙しくて仕方がないという。親と一緒の場合には、できるだけ親の興味を外に持ってもらった方が暮らしやすい。

精神的、肉体的に衰えていくのが年をとるということだ。そのことへの想像力を50代になったら養っておくこと。いつか自分もそうなるのだ。遠い将来ではなく、近い将来に。

親の姿を見ることで、自分もそうなるのだという見方があれば、多少のことは大目に見られるのではなかろうか。

私はいつも「明日は我が身」と思うことにしている。私の母は、決して愚痴をいわず、他人に不満をいわない人だったが、ある年齢からいうようになった。最初はがっかりしたが、これも老いのなせるわざときき流せるようになった。

「あ、そう」「あ、そう」といって深入りしなければ、次には忘れてちがう話題になっている。相手が年をとったら、こちらがきき上手になることが大事だ。話してしまえば気がすむことだって多い。

対等の関係とは思わずに、こちらが包み込んであげる気持ちが大切だ。

いつか自分もそうなる。鏡で自分を見ているのだと思えば、腹の立つことも減るだろう。

3章

50代から「美しさ」を磨く

――美意識、健康、暮らし方

1 客観性を持たない50代はカッコ悪い

恥を忘れた年のとり方だけはしないでおこう

年を重ねるにつれて、女であることを忘れてしまう人がいる。身なりにかまわず、言動も粗雑になり、電車の中でも席を探して割り込む。恥しらずな行動をしていることに気がつかない。恥を忘れた女ほど、いやなものはない。厚かましく、その厚かましさにどがついてど厚かましくなる。

なぜ厚かましくなるかといえば、客観性がないからだ。

自分の行動を外から見た場合どうだろうという目がない。他人に迷惑を及ぼしているのではないか、いやな感じを与えているのではないか、そうした目を失っている。

若いときは、気取っているから、疲れていても、かっこ悪いから電車では無理してまで座らないとか、気にするものだ。自分＋他者の目がある。

年をとるにつれて、自分しか見えなくなり、他者の目を失ってしまう。本音だけになって、建前がなくなる。見ていて気持ちのよいものではない。

他人を気にして自分が小さくなる必要はないが、他者からのチェックの目を自分の中に持っていたい。

大切なのは、人に迷惑をかけていないかどうかである。自分の振舞いが人にいやな思いや不快感を与えていないか、チェックする必要がある。

個性を生かすもよし、好きなことをするのもよい。決して他人に迷惑をかけないという鉄則の上に立ってである。

他人に迷惑をかけても、好きなことをするのが個性だとカンちがいしている人がいる。

それが厚かましさを生み、恥しらずとなる。

恥の心を持っていることは、男だって同じだが、他者の目を自分の中に持っているかどうかが恥を知るということなのだと思う。

こんなときにはやせがまんも必要

いくら着飾ってみても、恥のない人たちは、けっして美しくはない。

着物の品評会の奥様方の、パーティ会場で食べ物が出るや列をなし、あっという間に食べつくし、主催者側が追加を注文せねばならぬほど。見ているだけで恥ずかしくなった。

パーティで、ものなど食べない方がいい。会費分だけ食べねば損とばかり、食べ物にへばりつくのはやめよう。パーティとは、他人と交流する場なのだ。飲み物を手に持って、軽やかに、人との会話を楽しみたいものだ。

おなかがすいていようとも、武士は食わねど高楊枝、たまにはそんな気取りを持ってみてはいかがだろうか。

私はパーティで、自分から料理をとりに行くことはめったにない。コンパニオンの女性が持って来てくれた場合は、人目につかぬ隅で食べることもあるが、それとても少しである。立食パーティでは、その人の食べ方、飲み方で日頃が見えてしまう。

このときとばかり食べ続けるのは、日頃何もおいしいものを食べていない証拠であり、はたから見ていて皿を持ってうろうろするのは決して美しくはない。他者からの目を持って、自分の行動は美しいか快いかをチェックしたい。

映画監督の大島渚さんからいわれたことがある。

「パーティで、ものなんか食べちゃ駄目だよ、あそこは食べる場ではなく、社交の場なんだから」

その通りなのだ。食べて交流してと一石二鳥とお考えかもしれないが、食べることに熱中すると、社交はおざなりになる。久しぶりに出会えた人と話をかわしていると、食べる暇などないはずだ。食べているのは、話す相手のない可哀想な人。会費が高かろうと、立食式の場合は、パーティが終わってから改めて食べにゆけばいい。その時間もないなら、お寿司とか、おそばとかすぐ食べられるものを一つか二つですませたい。

パーティの席上、知った顔に会わぬこともある。そんなときは、早目に切りあげて帰ってくる。

主賓にあいさつさえすれば、役目は終わったのだから、物欲しげに立っていることはしない。居続けると、仕方なく何か食べそうになってしまう。

あなたのその行動は美しく映る？

大島渚という人は、映画監督であるだけに、いつも女の人が美しく見えるように気づかっている人だ。その大島さんから私がいわれたことを二つお話ししよう。

私はパンツ・スーツが好きで、冬など特に着ることが多いのだが、こういわれた。

「いつもパンツばかりはいてると、足の線がきたなくなるよ」

パンツで足を隠しているから、足に緊張感がなくなるのだという。それから私は、たまにはミニもはく努力をした。すると足がさらされるから、足をきれいに見せる工夫をするようになった。

もう一つ、いつも顔の横に髪をおろしていると、あごの線がきたなくなると注意を受けた。

たしかに、ショートカットやアップにした髪だと、あごの線が露出される。自然に緊張して、あごの線が崩れてこない。いつも輪郭を隠していると、隠れた安心感で、ますます線がくずれてくる。

大島さんに限らず、男性の言葉には耳傾けるものが多い。

他人の目の中には、男の目も入る。そして、男は女を実によく観察しているものだ。

女の場合、見ているようで、肝心なところは見ていない。

男の目を意識するというと、いやらしくきこえるかもしれない。色っぽくセクシーにするという意味でなく、厳しい男の目にさらされても合格というふうにいきたいではないか。

2

内面に主体性があるかどうかで、見た目も変わる

50代になったら飾り立てるよりも清潔感

50代になったら、おしゃれをしたい。といっても、宝石だの毛皮だのを身にまとうことではない。ごてごてと飾り立てることは、かえって年を感じさせるものだ。すっきりとシンプルに、その人のセンスのよさを感じさせる。

心がけたいのは、清潔感である。若いときは、肌にもつやがあり、何もしなくても清潔な感じがするが、年を重ねてくると、皺ができるし、肌はたるんでくるし、ぜい肉がつき、清潔感が保ちにくくなってくる。厚化粧、ごてごての衣装では、みじめな風情になる。

すみずみまで文字通り清潔にし、ポイントを強調した化粧をしたい。私も若い頃は、口紅に目立つ色を使わなかったが、50歳をすぎた頃からは口紅は明るい色を、眉をはっきり描くようになった。それだけで印象がちがってくる。他はさっとすます。眉は薄くなってくるので補強してやるが、アイシャドウなどはできるだけ自然に、強くしない。下手に使うと、不潔になりやすい。

下着はこまめにとりかえ、汚れたものを身につけない。

その次に、安物ではなく質のよいものを身につけること。若いときは、どんな安物でも面白く着ることができるが、ある年代になったら、ほんもののカシミアとか、ほんとうによいものを身にまといたい。もちろん値は張る。安物をいくつも買うのはやめて、いつまでも使えるあきのこないほんものを身につけること。さりげなくよいものを身につけている人を見ると、その人のセンスがしのばれる。

ブランドものを買うのなら、一目でどこそこのものと分かるものではなく、それらしくないものを選ぶ。ブランドに負けてしまうようでは駄目だ。ブランドが歩いているように見えるものはぜひとも避けたい。エルメスのケリーバッグなど、地味で定番のものが似合うのもこれからだ。

三番目に、一つでいいから流行をとり入れること。流行は時代の息吹きである。色でもいい、黒が流行なら、黒をどこかに持ってくる。すでに買ってある黒のセーターでも、ブラウスでもいい。

若い人の着方をひそかにまねてもいい。

靴とか鞄などアクセサリーでもいい。一つ今をとり入れると生き生きと見える。十年一日のごとくでは面白くない。流行を追うのではなく、遊び心を持っていることだ。何ごとにも背を向けるのではなく、面白がる気持ちが大切だ。

50代からは、外側よりも中味で勝負なのだ。外側で着飾るのではなく、中味が着るものを支配することが大切だ。中味が主で、着るものは従というふうにならなければならない。よいものを着ていてもさりげなく、それが50代からのおしゃれである。

自分の「イメージ」をつくるのが、おしゃれの決め手

一つのイメージをつくるのもいい。その人のトレードマークといったものを。

私は着物が好きで、方々に出かけた折りにつくったり買ったりした。伝統的な織や柄の着物を買ってある。母も着物好きで、私が着物を着ると喜んでいたし、亡くなったあとには、着物が山のように残された。その中からできるだけたくさん着たいと思っている。

尊敬する学者で、上智大学名誉教授だった故・鶴見和子さんは、いつも着物で、東南アジアの布などを上手に小物にとり入れて、すばらしいおしゃれをしておられた。たまたま美容室がご一緒で、そのたびに着物を拝見し、その工夫をうかがうのも楽しかった。

作家の澤地久枝さん。会合があるときなど、いつお会いしても着物だ。澤地さんに母の着物好きをお話しすると、ぜひあなたが着てあげなさいといわれた。

先日、知人の80歳を過ぎた女性のパーティがあった。商工会議所の役員などつとめた方なので、実業家やその夫人たちが多く集った。

いったい誰のパーティかと思うくらい、一人一人が豪華な着物のオンパレード、さながら品評会だ。受付付近は、脂粉の香と香水のまじりあった匂いでむせかえる。人々の会話ときたら、「あら奥様のお召物素敵、どちらで?」といった虚栄の市。仕事上のパーティに馴れている私は驚いてしまった。

こうした派手な着物やロング・ドレスが美しいとは限らない。

オードリー・ヘップバーンは、着飾った女優ばかりのパーティなどには、黒のセーターに黒のストレートパンツ姿であらわれ、一番目立ったという。他人に引きずられず、自分のおしゃれが50代ではできなければいけない。

主体性のあるおしゃれ、50代はそれを実行できる年代だ。自分の内側にあるものを、着るものや、おしゃれに表現して、自分のセンスを磨きたい。

50代は、ほんもののおしゃれの季節、そう考えると楽しくなってくる。

3 ドキドキすることを忘れない

「つまらないおばさん」の共通項を手放せ

年をとることは、感動がなくなることでもある。少女の頃は、箸が転んでもおかしい時期で、いつも笑い転げていた人も、50代では自覚がなくてもその兆しが出てくる。

感動しなくなったら、年をとった証拠なのだ。風のそよぎ、雲の流れ、落葉の散るさま、ああ、きれいだ、爽やかだと一つ一つ感動できる人は若い。いつまでも少女のような感性を身につけていたい。

一つ感動したら、細胞が新しくなると私は信じている。感動とは、人間の内側から起こり、外へ向かっていくものだから。「あら！」とか、「まあ！」とか思ったとたんに、一つずつ細胞がよみがえってくるのだ。

感動を心の中に収めておいてもいいが、できれば、何かの形に表現するのがいい。言葉に出す、絵に描く、文章にする、俳句にする、何でもいいから実現してみよう。

黒柳徹子さんは、話の中に、「まあ！」とか「あら！」とか感嘆詞をよく使う。演技ではなく、ほんとうに感動したしるしなのだ。

トットちゃんだった子供の頃、彼女は学校の勉強よりチンドン屋さんが好きだった。教室の外におはやしがきこえてくると、「あら！」と矢も盾もたまらず窓まで走っていく。その頃から「まあ！」とか「あら！」とかいい続けて今にいたっている。いわば、感動の権化である。

だから若いのだ。いつ見ても楽しく愛らしく元気で生き生きしている。

私が、ラジオの黒柳さんの番組をきいて大きくなったことを考えると、私より年上であるはずだが、そうは見えない。感動こそ彼女の若さの源泉なのだ。

早くふけ込みたいという人のためには、感動をなくし、何を見てもつまらない顔でいることをすすめたい。

人ばかり気にし、世間体ばかり考え、自分の感動や思いには目をつぶり、自らを小さく小さくしていく。最低の生き方である。私はいくつだからとか、あの人が何かいうからとか、こんな赤いものを着たら笑われないだろうかとか、余計な心配は、とっ払ってしまいたい。

自分の内側からあふれ出る感動に身をまかせればいい。感動のある人は、自分の声に耳をすませているから、つまらない噂話や、情報交換だけで日を送ることをしない。

50代だから気づける感動の芽

散歩が好きだ。犬も歩けば棒にあたる……。さまざまなものに出会える。春先、都会の路地に花をつけたすみれ、小学校の運動場の片隅に咲くたんぽぽ、「あら、こんなところに猫が！」、見上げるマンションの窓から黒猫が見下している。角のショーウィンドーの飾りつけが変わった。おや、その向かいのビルの一階にカフェができた。といった具合で、発見にことかかない。ささいな発見でもあれば、感動につながる。

それに目をとめ、心をとめることの幸せを思う。お金になるものやはっきり結果の出るものしか信じられない人は、不幸だ。

現実からちょっと足を離して遊べるかどうか。心を遊ばせることができるかどうか。

心を遊ばせることができる人は、心豊かだ。ゆとりを持っている人だ。それぐらいのぜいたくは50歳になったら許されていい。40代までは、子育てや働くことに追われていたかもしれないけれど、そろそろ自分自身の感動をとりもどしてほしい。

感動のある人は若々しい。

98歳で亡くなった宇野千代さんは晩年まで実に若々しかった。その着物姿のあでやかなこと、自分でデザインした桜の花の着物は、美への感動を表現したものだ。亡くなる直前まで毎日、5枚の原稿を書き、着物のデザインも続けていた。薄墨桜の美しさを世に知らしめたのも宇野さんだし、感動するものがあるとどんで行く。

90歳過ぎてはじめて、ギックリ腰になったとき、こうおっしゃったという。

「ギックリ腰ってこういうの？　面白いわネ」

面白がってしまうのだ。痛かろうがつらかろうが、はじめての体験だ。人からたいへんたいへんときいていたが、これがギックリ腰か、自分も体験したぞ、というわけで、初体験の感動が「面白いわネ」という言葉になってあらわれた。

90過ぎてギックリ腰など、二度と立てないかと悲観しがちだけれど、面白がるゆとりがあるから、じきに治って、元気になられたそうだ。

4 大事なのは「自分の体の声」を聞く力

体は変わっていくのがあたり前

年をとることは個性的になることだといった。なぜなら、みんな減ってくる、持ち時間、お金、体力。

ひしひしと感じさせられるのは、体力が減ってくることである。人それぞれのあらわれ方で。私の場合は、お酒が飲めなくなるという形でやってきた。

20、30代には、自他ともに認めるほど酒が強かった。

女流酒豪番付では、前頭の上位を張っていたし、すすめられた盃は断るということがなかった。

当時の私のあだ名は「おろち」。NHKに入局し、名古屋にいた頃には、寮の名をとって「荒田のおろち」と呼ばれたことは前にも書いた。男性と一緒に飲んでも向こうが先に酔っ払い、私が送ることもあった。

小柄なので、あの体のどこに酒が入るのかといわれていたが、容量は決まっていたようだ。40代から飲まなくなり、50代になったら、飲みたくなくなり、今ではほんの一口飲む程度だ。

お酒は、私の場合日本酒だが、相変わらず好きだし、飲めば飲めるのだろうけど、飲みたくないのは、体が欲していないのだと考えて飲まない。

一生分を若いときに飲んでしまったようだ。人の一生の容量は決まっているのだろうか。

なぜ飲まなくなったか。それは低血圧の体質が年とともに高血圧だった母の体質に似てきたからだと前にもふれた。

あるとき、歯が痛んで歯医者に行ったら、血圧を計られ、高いから入院して一日の経過を見てみたらといわれた。それまでは低血圧と信じ込んでいたのである。

それからは気をつけて、つとめて歩くように心がけ、薬づけになりたくないので、塩分を減らし、食べ物にも気を配るようになった。

「丈夫で長持ち」ができる人の自己管理

マスコミの仕事をしているといやでも早飯になるが、気をつけてゆっくり食べる努力をし、夜ふかしをしないようにしている。

お酒を飲んでいた頃は夜遅くなり、帰ってから夜中に原稿を書くなどということもやったが、2時3時まで仕事をすると頭がもうろうとして能率があがらない。かつては夜中になると頭が冴えてよかったのだが。というわけで、夜型の生活から昼型に少しずつ変える努力をしはじめてそろそろ十数年。

よほどのことでないかぎり、夜は仕事をしない。原稿は昼間書く。朝5時頃に起きて書くという作家も多いのだが、相変わらず早起きは苦手だから、夜12時か1時までに寝て、朝9時か10時に起きる。それからが仕事だ。どうしても午前中は予定を見直すことが多く、午後が仕事の時間となる。

年とともに夜型から昼型になった物書きも多いが、私も昼型になった。徹夜もしない。かつては一晩ぐらい寝なくても何とかなったが、今は一晩寝ないと翌日が使いものにならず、疲れが二、三日回復しない。睡眠時間は、できる限り8時間、昔も今も変わらない。

50代になればかつてのように無理がきかなくなる。

丈夫で長持ちさせるためには、一気に体力を使いきるのではなく、少しずつ小出しにしていくしかない。

最近は体についての話題が多くなってきた。「久しぶりネ。元気?」にはじまり、治療法の話、自分の経験と、気がつくと体の話題で終っていることも多い。

五十肩、手がまったくあがらなくなって、それまで料理自慢だった奥さんが料理すらできなくなったり、腰が痛くて病院通いなど悪いところのない人はいない。

私だって職業病といっていい肩コリ、それに若いときからの偏頭痛がいっそうひどくなったりしていたが、血圧が高い時に痛みがあることがわかり、治療をはじめたら見事に治った。

原稿は書かねばならず、人が待っていれば講演をにこやかな顔でせねばならない。病気に落ち込まずにすんでいるのは仕事のおかげなのだ。

悲観しない、無理しない、がまんしない、がんばらない

体力が落ちているからといって、悲観するにはあたらない。

体力に合った生き方をすればいいのだ。自分の体に耳をすませて、無理をしないことだ。自分のペースを自分でつかむことだ。若い頃のペースではなく、今の自分に合ったペースを。

私は子供の頃体が弱く、いわば、蒲柳《ほりゅう》の質である。体も小さくてきゃしゃでやせている。どのあたりが自分の限界か分かっている。だからそれほど悪くならないうちに病気を見つける。人一倍体に敏感で、がまんせず、疲れたと思ったら、ともか

く休む、寝る。

がんばってやってしまうと後がつらい。休んだり、手を止めて気分を変えること、そのために家の中が多少きたなかろうが、ひっくり返っていようが気にしない。また、体力が回復したとき、きれいにすればいい。

50代になったら、自分の体のペースをつかむことが大切だ。見てくれや体裁、世間体よりも、自分なりの生活のリズムをつくりあげること、自分を知ることからはじめねばならない。

健康診断で医者に相談することも大切だろうが、自分の体は自分で責任を持つのが原則だ。人まかせではいけない。

さまざまな医学の情報にわずらわされずに、自分に合った方法を見つけることだ。

私は50代から2週に1回のマッサージと、月2回の鍼《はり》は欠かさない。自分に合ったマッサージ師や鍼灸《しんきゅう》師を見つけるのはたいへんだった。近くのジムでストレッチにも励む。

5
死ぬも生きるも自分次第

あなたの主治医はあなた

私の祖母は、父方、母方それぞれ94歳と93歳まで生きた。それも1週間か10日寝込んだだけで亡くなった。二人ともやせ形で小柄、気のしっかりした人だった。

父方の祖母の健康法は声を出すことだった。謡《うたい》を趣味でやっていたが、年を重ねてお弟子さんもでき、毎日、大きな声で謡をやるので、姿勢もよく、腹から声を出し、腹式呼吸もできていた。

声を出している人は健康だといわれる。歌をうたうもよし、お喋りも悪くはない。同じやるならしっかり腹から声を出した方がいい。

93歳まで生きた母方の祖母が住んでいたのは、新潟県は上越市の板倉町というところで、豪雪地帯だ。冬は3、4メートルも雪がつもり、雪おろしならぬ雪掘りといって家を掘り出すほど雪深い。

冬場、急に医者を呼ぶことがなかなか難しかったせいか、いつも健康には気をつけていた。特に「合い間食いをしない」ことを決めて、守っていた。合い間食いとは、間食という意味の方言である。彼女は胃が弱かった。だから日頃から胃の健康管理をおこたらなかった。

田舎のことゆえ、冬場は、集まってはお茶を飲む、お茶受けに菓子や漬物が出てくる。そうしたときも食べない。食べないことで相手に失礼にあたると思うときには、いただいて帰って、食後などに食べるようにしたという。医者にかからぬよう気をつけていたのである。

私たちは、健康管理というと医者に行き、ドックに入り検査する。しかし医者はたくさんの患者を抱えていて、一人一人の細いところまで憶えていられるかどうか。自分の体は自分で責任を持つしかないだろう。

アメリカなどでは、個人個人が健康管理に異常なほど気をつかっている。特に肥満は大敵である。肉を多く食べるから、欧米の肥満は日本の比ではない。その肥満を克服しない人は、管理職にもなれない。自分の体重も管理できない人が、他人を管理するとは何ごとかというのがその理由のようだ。いわれればそうだ。欧米ではあくまで健康管理は自分の責任なのだ。

運動は自分のものさしだけで選ぼう

同じ走る、歩くといっても、その人の性格でやり方はちがってくる。きちょうめんな人ならば、万歩計でも持って、毎日決まった時間走ったり、歩いたりもよいだろうけれど、私のような、同じことをくり返すことの苦手な人間には、不向きだ。毎日ちがったことをするのは得意だから、散歩に出て、行きと帰り、昨日と今日はちがう道を通れば、知らぬ間にいくらでも歩けてしまう。自分に合った方法を見つけることが大切だし、長続きをするコツなのではなかろうか。

同様に運動をするにも、自分に合ったものでなければ、長続きはしない。嫌いなものは、他人につきあってやりはじめても、気がつくとやめている。

自分で好きなものをはじめることだ。

私の場合、前にもいったように、48歳からクラシック・バレエをはじめた。好きなことなら恥ずかしいことなどなかろう。

恥ずかしいというのは、誰から見て恥ずかしいのか。年がいもなくと、誰かに笑われはしないか、陰口をたたかれはしないか。意外に何もいわれないものである。私も何かいわれるかナと思ったが、かえって「ヘェー」とか「あら」とか珍しがられるだけだった。その反応が面白くてやっているようなところもあった。

そのうち、私がやっているのを見て、勇気が出たとか、私もやってみたいとかいう人々が出てくる始末。案ずるより産むがやすし、やってみれば、意外とすんなりいくものだ。

何でもいい、自分の長年やりたいと思っていたものはないだろうか。私のまわりでも、60歳から水泳をはじめて、1000メートルも泳げるようになった人や、60

歳から車の運転をはじめた人など、いくらでもいる。

いくら好きだといっても、他人に合わせてはいけない。自分に合わせること。自分のものさしを持つことが大切だ。

欧米人は体操の仕方からして日本人とちがう。インストラクターが右手をまわすと、日本人は、私もふくめて無意識のうちに右手をまわす。欧米の人たちはそうはやらない。今日は左肩が凝っていると思えば、先生が右手をやっても左手だけやっている。

日本人から見ると、だらしなく見える。

欧米の人たちが私たちを見ると、気持ち悪いという。「なぜ先生と必ず同じことをやるの」という。今日は左肩が凝っているから、左手を動かす。自分の状態に合わせて、先生をとり入れてやっている。

「何でも先生に合わせているのは逆でしょ」という。日本人は誰かに合わせ、パターンに合わせるのが好きだ。もっと自分に合わせてとり入れることだ。

医者や他人のいうことに合わせず、自分で責任を持つこと。「おまかせします」は美徳ではなく、無責任である。

6 ゆううつな時間を勝ち抜く方法

更年期という言葉は忘れる

50代は、更年期まっさかりの年代である。更年期と思春期は、女の体の変わり目といわれている。

思春期が、そこはかとなく甘く悩ましいのに比べ、更年期という言葉は、重苦しい。言葉の持つイメージは大きいから、更年期という言葉を変えてしまった方がいいのかもしれない。

更年期ときいただけで、体のどこかが痛んでくるといった友人がいたが、言葉が先行し、そこから出られずにがんじがらめになっている場合が多い。更年期、更年期と呪文のように唱えていると、いやでも更年期の症状になってしまう。

たしかに体の変わり目にはちがいない。

初潮によってはじまるのが思春期だが、更年期はそれが終わるときである。

私の場合は、50代の半ば頃だったと思うが、知らぬ間になくなっていた。少しずつ分量が減り、皆無になり、それを淋しいと思う人もいるようだ。もはや女でなくなったような気になるらしい。

私は、こんな面倒なものがなくなるのは、大歓迎である。月1回悩まされていたことから解放される喜び。閉経期をどうとらえるかで、その後の生き方も変わってくる。

毎日忙しく仕事をしている身には、わずらわされずにすむことが何よりありがたい。感傷に陥っている暇などない。

暇がありすぎ、必要以上に閉経期を気にし、自分で更年期病に陥ってしまう人がいる。

更年期という病などない。ただ体の変わり目だから、さまざまな症状が少し多く出てくるにすぎないのだ。

私の場合も、持病である偏頭痛や肩コリが激しくなった。私はあえて更年期だと思わない。ああ昔からの持病が出てきたなと思う。高血圧の症状があっても、ああ、母親に体質が似てきたんだなと思うだけで、更年期だ、たいへんとは思わない。目まいもしたが、1年ぐらい経ったら治ってしまった。

更年期という病ではなく、一つ一つの病があるだけなのだ。

落ち込み、イライラはお金と暇が連れてくる

私の知人の場合、お金と暇がある人で、その時期になったら、急に落ち込みが激しく、いつもイライラし、自分はどこか悪いにちがいないと思い込み、医者のはしごをして、自ら病に落ち込んでいった。

この時期は、むしろお金と暇に恵まれていない方がいい。

私は、仕事をしていたのが正解だった。いやでも人前に出て喋らねばならず、ま

た原稿の締切りは迫ってくる。仕事をするうちに、体のことなど忘れてしまう。仕事が終われば、体の不調がおしよせてはくるが、また次の仕事がやってきて、まぎらわせてくれる。その連続で、更年期を意識しないですんだ。

別に仕事でなくともいい。趣味でもカルチャーセンターでの勉強でもいい。続けることだ。1回休むと次回行きにくくなり、2回休むとさらに行きづらくなる。多少体がつらくとも、何とか行けるなら無理してでも行こう。続けることで、解決できるものがあるはずだ。

更年期という言葉に甘えてしまうと、立ち上がれなくなってしまう。

必要以上に意識することはない。

ただ20代、30代のときのような無理をしてはいけない。疲れたらすぐ休むこと。大きな疲れは持ち越さずに解消しておくこと。

例えば海外旅行に出かけたとしよう。帰国した日か翌日、疲れてぐったりしていても、一晩寝れば治ってしまうのが若いときのパターン。50代になると、当座は元気なのだが、翌々日あたりから一週間後ぐらいまで疲れを持ち越すようになる。時差も年とともに遅れて出てくるようになる。

肉体的な疲れにしても、急に運動でもしようものなら、かつてはすぐ翌日筋肉が痛くなったりしたが、今では翌々日か、その次あたりになって痛みが出てくる。

そのことを頭に入れて、あらかじめスケジュールを立てるとよい。

お酒もそうである。そのときは飲めても、二日酔か、へたをすると三日酔にまでなってしまう。だから気をつけて飲むようになる。

「できなきゃできなくてもいい」ですべて解決

そして、チェンジ・オブ・ペースを身につけること。一つのことを根をつめてやるのではなく、疲れたら、散歩する、買物に出る、料理をつくるなど、生活の演出を心がけよう。

1週間のうち、1回でも外に出る楽しみの日をつくり、1日のうちでも1回は、家から出て外の空気を吸う。

かといって、例えば一日中ジムにいるというのもどうか。私が入っている会員制ジムでは、朝から晩までそこにいて、サウナに入ったり、泳いだり、お喋りしたり、見ていると、暇つぶしに通っている人がいる。日常になってしまうと、チェンジ・オブ・ペースには役立たない。週に2、3回だから、気分転換にもなるのだが。

更年期だから落ち込むのではなく、更年期だから自分を楽しくしよう。演出法はさまざまある。おしゃれでもいい、趣味でもいい、自分に合った方法を考えよう。

手ぬきをすることも大切だ。

完璧主義者ほど、落ち込みやすい。若い頃のようには完璧にできないことにイライラし、どうしてだの、自分は駄目だのと思い込む。できなきゃできなくてもいい。またできるときにすればいいさ、という開き直りが大事だ。

あまり神経質にならずに、おうようにかまえて、更年期を受けとめ、やり過ごす。気がつくと知らぬ間にぬけている。

7 お金をきれいに使って暮らす

ケチと節約はちがいます

先日、保険会社から連絡があり、大分前にかけておいた一時払い養老保険が満期になりましたとの通知があった。

満期になったお金をどう活用するか、やはり年金として残すことにした。他人に迷惑をかけぬためには、自分で自分を見るだけのお金は必要である。私の場合、子供がいないので、生きている間に自分で使える分ぐらいのお金は欲しい。亡くなっていくらお金が入っても、意味はない。私が亡くなったときに、親しい人たちに集まってもらって、おいしいごちそうを食べてもらうお礼の会ができるぐらいのお金が残り、埋葬費があればいい。

子供がいたとしても、何かを残すのは、決して子供のためにならないと思っている。必ずといってよいほど遺産をめぐって醜い争いが起きる。

親は自分の人生をまっとうし、お金を使い切ればいい。子供をあてにしてはいけない。子供に面倒を見てもらおうなどという考えはもっての他、自分で自分の身を処する覚悟が必要である。

自分の最後が分かっていて、すべてを使い切ることができればいい。けれどいつ死ぬか分からず、老後の蓄えは必要だから、見切りをつけるのはすこぶる難しい。

時代の変化もあり、預金の金利で食べることは難しくなり、年金もわずかにすぎない。

自分一人食べていくだけのお金、夫婦二人が食べていくお金を考えると頭が痛い。だからといって、あまりケチになって生活を楽しむゆとりもないのは困る。ほどほどに自分の暮らしを考えて予定を立てたい。

「節約」という言葉がある。ケチと節約はちがう。ケチとは、出すものは舌も出さない、他人のために、何かに役立てるためにはお金を使わないことであり、節約とは、必要なものを出すために、身の始末をすることだと思う。

始末とは、その字のように始めから末、すなわち終わりまで、ものの命を使い切ることである。買っては捨てる生活ではなく、物を使い切ってやること、それが自分自身の命を使い切ることにも通じるのではないかと思う。

自分自身の始末は自分でする。始末という日本語はいい。私もはじめから終わりまで、自分を使い切ってやりたい。

「足るを知る」という豊かさ

暮らし方はできるだけ簡素に。シンプルライフを心がけたい。

「焚《た》くほどは風がもてくる落葉かな」

良寛の句だが、暖をとるために焚くだけは、風の運ぶ落葉で十分、足るを知る暮らしをしたい。

50歳を過ぎたら、物を増やすことは極力つつしみたい。私の場合仕事柄、本は増える一方である。これは仕方ないとして、着るものや飾るものについては、いらないものは使ってくださる方にさしあげ、ときにバザーや被災地に寄附する。阪神・淡路大震災の折りも、使わないもの、特に母が好きで持っていた食器類はできるだけさしあげた。一番喜ばれたのがこの食器類だ。当座は食べるもの着るものであるが、少し落ち着くにつれ、食器類が役に立ったようだ。

北朝鮮の大洪水の際には、冬物の衣類や毛布を洗濯して使っていただくようにした。石鹸などの日用品も喜ばれた。

こうやって見てみると、私たちの生活の中には、いかに無駄が多いか。使わぬものに囲まれて暮らしていることか。いらぬもの、使わぬものは整理し、使ってくださる場を見つけ、ほんとうに必要なもの、好きなものだけにして、すっきりと暮らしたい。

私たちは物の氾濫の中に生きている。人と同じものを買わなければ遅れているような錯覚で、使いもしないものを買い、どんどん古いものを捨てる。

私が今使っている仕事机は、父の書斎にあった古いものだし、たんすもみな祖母や母のもの、祖母の茶だんすは、酒器を入れて楽しんでいる。古いものほど材質もつくりもよく、使い切ってやりたいと思う。

かつては、家具など代々使えるものをつくり、時代が経つにつれ、つやが出て、美しくなったものなのに、今の時代は新しいものばかり……。

いいものを見る目を失い、ものの命を使い切ることをせず、罰あたりである。私の子供の頃は、物を粗末にすると罰があたるよといわれた。だから私は物を捨てるより前に、生かす方法を懸命に探す。

徐々に身軽になって、老いを迎えたい。かといって、うるおいのない暮らしはいやだし、一人一人の美意識に待つしかない。

老後どんな暮らしをしたいか、自分なりに考えておく必要もあろう。できるだけ簡素に、ほんとうに美しいと思うもの、いいと思うものに囲まれた空間をつくりたい。

私の場合、夕暮れどき、気に入りの椅子に座り、一番好きな絵を壁にかけ、もっとも気に入りのオペラのCDを流す。膝には最愛の猫、やがて夕焼けが闇に変わっていくのをながめている……。そのための準備をはじめている。

おわりに

20年前に書いた50代の女性向けの本を再び出すことになった。読み直してみて感じるのは、私自身はほとんど変わらないのに、まわりの環境が一見様変わりしたことに驚く。

年齢の感覚が中でも大きい。

あの頃の50代は今の70代と置きかえてみてもいい。人生100年時代、50代はどちらかというと若者という感覚である。「はじめに」で私は、50代を山の頂と例えているが、それは変わらないけれど、下りの時間が長くなったのである。

この本の中で私は人生80年を思い描いていたが、人生100年時代に入ると50歳はまさにちょうど折り返し地点の真ん中である。子供時代の長さは変わらないから、変ったのは後半なのだ。

50代という年はまだ倍生きなければならないということ。やっと自分の人生の基礎ができたばかり、それをどう生かしていくか、その人のほんとうの人生は、これからだと思えてくる。

私にしたところで、84歳という実年齢に実感はまるでない。むしろ逆にして48歳といった方がピンとくる。

ということは、私はまだまだこの先変化をしつづけるということだ。といって本質が変わるわけではない。

私という人間の本質は50歳までにしっかり土台はできてしまったのだ。その上で進化か劣化かはともかく変わりつづける。私が死ぬまで。


50代までの私の人生は必死だった。戦後の食うや食わずの時代を生きのび、それまでとはちがう価値観の変わった民主主義時代を手さぐりで、ともかく自分一人は食べさせねばと自分で決めたことには自分で責任を持ち、迷いながらここまで来た。

ふり返って50代、本来自分が表現したかった道を見つけ、ようやくまい進することができた。それまでの無駄とも思える積み重ねの結果を出すべき道が見えた。その入口にあなたは立っている。さあ胸を張って、景色を楽しみながら下りを楽しもうではないか。

私の来た道をふり返る機会をいただいた藤野稚子さんに、ありがとうと申し上げたい。

下重暁子

本書は大和出版より刊行された『女50代 美しさの極意』を文庫収録にあたり、加筆・改筆・改題したものです。

下重暁子（しもじゅう・あきこ）
1936年生まれ。早稲田大学教育学部国語国文科を卒業し、NHKに入局。アナウンサーとして活躍後、フリーとなり民放キャスターを経た後、文筆活動に入る。ジャンルはエッセイ、評論、ノンフィクション、小説と多岐にわたる。公益財団法人JKA（旧：日本自転車振興会）会長等を歴任。日本ペンクラブ副会長、日本旅行作家協会会長。主な著書に、ベストセラーとなった『家族という病』『家族という病2』『極上の孤独』『年齢は捨てなさい』『明日死んでもいいための44のレッスン』（以上、幻冬舎新書）、『私は夕暮れ時に死ぬと決めている』（河出書房新社）、『鋼の女――最後の瞽女・小林ハル――』（集英社文庫）、『人間の品性』（新潮社）、『贅沢な時間』（三笠書房《知的生きかた文庫》）など多数。

知的生きかた文庫

生涯現役《しょうがいげんえき》は50代《だい》の生《い》き方《かた》が決《き》める

著者　下重《しもじゅう》　暁子《あきこ》
発行者　押鐘太陽
発行所　株式会社三笠書房
〒一〇二-〇〇七二　東京都千代田区飯田橋三-三-一
電話〇三-五二二六-五七三四〈営業部〉
〇三-五二二六-五七三一〈編集部〉
https://www.mikasashobo.co.jp
印刷　誠宏印刷
製本　若林製本工場

ISBN978-4-8379-8715-4 C0130

知的生きかた文庫
わたしの時間
シリーズ

一週間で女《じぶん》を磨く本
浅野裕子

＊自分の魅力に気づく
「話題の文庫ベストセラー」！

あなたが「素敵」になれば、出会う人が変わる。自分の魅力と生き方について、男について、いい女について……。一週間で「うれしい変化」が起こる63のヒント！

贅沢な時間
下重暁子

＊ものにもお金にも縛られない
知的に、魅力的に歳を重ねるヒント！

「贅沢な時間」とは、何気ない日常の中で想像力の翼を羽ばたかせ、楽しみを見つけられること――。心を遊ばせ、豊かに生きるための珠玉のエッセイ！

毎日、こまめに、少しずつ。
ワタナベマキ

＊人気料理家が教える
ていねいに豊かに暮らす家事のコツ！

忙しくてもためずに少しずつ家事をすることで、台所に立つ心が軽くなる。献立の立て方からキッチンの整理収納、掃除法までヒント満載の写真エッセイ！

C30118